JN154468

第三世代
50年後の逆襲

オリーブのマミー
★木村みのる
ザ・ラヴのユウジ
★高宮雄次

はじめに

スパイダースの解散！　ワイルドワンズの解散！
そして日本全国を席巻したタイガースの解散！
ショーケンのテンプターズの解散！
アイ高野のカーナビーツ、岡本信のジャガーズ！
次々と解散！
GS（グループ・サウンズ）はもはや消滅かと思われた。
スパイダースやブルー・コメッツが
第一期黄金世代と呼ばれ、
タイガースやテンプターズが第二期黄金世代と言われ、
しかし、その勢いは衰え、
ついにGS時代も消滅かと思われた時……。
第三期黄金世代を築かんと
果敢にチャレンジしたグループ達が、いたのだ！
低迷するジャズ喫茶やGS界にとって、
彼らは果たして救世主となり得たのか？
結果的に、それはかなわなかった！
だが、50年の年月を経て、
彼らは再び新しい黄金期を目指して立ち上がった！
この本は、その第三期のGS達に
光を当てたものである！

木村みのる

GS年表

1965
5月　ザ・スパイダース、初のシングルレコード『フリフリ』リリース。

1966
3月　ブルー・コメッツが初のヴォーカル入りのレコード『青い瞳』をリリース。
6月　ザ・ビートルズ、来日。
11月　ザ・ワイルドワンズ、『想い出の渚』でレコード・デビュー。

1967
2月　ザ・タイガース、『僕のマリー』でレコード・デビュー。
6月　ザ・ゴールデン・カップス、『いとしのイザベル』でレコード・デビュー。
10月　ザ・テンプターズ、『忘れ得ぬ君』でレコード・デビュー。
12月　ブルー・コメッツの『ブルー・シャトウ』、日本レコード大賞獲得。

1968
4月　ザ・タイガースの初主演映画『ザ・タイガース　世界はボクらを待っている』公開。GSブームがピークを迎える。
5月　ジ・オックス、『ガールフレンド』でレコード・デビュー。失神騒動が巻き起こる。

1969

3月　ザ・ラヴ、『イカルスの星』でレコード・デビュー。

9月　高宮雄次、ザ・ラヴから離脱。その後、アポロンを結成。

10月　オリーブ、『君は白い花のように』でレコード・デビュー。

1970

12月　ザ・テンプターズ解散。

1971

1月　日本武道館コンサートを最後にザ・タイガース解散。ザ・スパイダース解散。

1972

9月　池袋ACBのさよなら公演の後、オリーブ解散。

10月　ブルー・コメッツ解散。

2003

高宮雄次、高宮雄次&LOVE－Junksのリーダーとして活動再開。

2011

オリーブのマミー、仙台・国分町のライブハウス「DRUM」を拠点に本格的なバンド活動を。

2013

12月　ザ・タイガース再結成によるコンサート・ツアーが開催。

2016

12月　高宮雄次&LOVE－Junks、『ONCE AGAIN―夢の続きを―』リリース。

目次

chapter 1

あの輝ける日々をもう一度！

オリーブのマミーこと、木村みのるは語る！

昭和40年代。

当時は、渡辺プロダクションが芸能界の最高峰であり、後に私が所属することになるホリプロダクションは、まだまだ発展途上にあったのです。

ホリプロの社長は堀威夫！

堀社長は１９５７（昭和32）年に結成されたスイング・ウエストのリーダーとして活躍し、東洋企画を経て、堀プロダクションを設立したのです。

草創期を支えていたのは舟木一夫さんや守屋浩さん……、そしてウエスタン出身の堀社長はグループ・サウンズに着眼し、スパイダース、ヴィレッジ・シンガーズ、サベージ、パープル・シャドウズ、オックス、モップス等がホリプロを支えていたのです！

そしてのちに日本の音楽界をリードしていく井上陽水（当時・アンドレ・カンドレ）、忌野清志郎、浜田省吾、和田アキ子、大石吾朗……。

まさに錚々たるメンバーがひしめいていたのです！

ＧＳ界に陰りが見え始めた１９６０年代末、ホリプロでは、オックスの後継バンドを作ろうということになっていました。

当時、人気を博した「モンキーズ」のように、いろいろなバンドからピックアップしての、スペシャルバンドを作ろうとしていたのです！

GSの世界へ

折しも私は横浜のアマチュアバンド「ベネッツ」のドラマーとして、近隣の会社のイベントや、ジャズ喫茶で演奏活動を行っていました！

生まれは青森。中学を出て、集団就職で神奈川・秦野のスタンレー電気の工場で働きはじめ、そこで音楽と出会って、バンド結成に参加！

バンドを始めるからには私もニックネームをつけようと、決めたのが「マミー」。子供の頃のニックネームが、小柄だったので「マメ」だったんですが、それじゃ変なので「マミー」ということに……。

やがてついには工場も定時制高校もやめて、バンド一本で勝負をかける無謀な決意をしてしまったのです。（このあたりは私が一昨年に出した『最後のGSといわれた男』（山中企画刊）に詳しく書いています）

もちろん目標はプロデビュー！

しかし当時、プロデビューを夢見るバンドは数知れず！

プロダクションには、オーディションの問い合わせ電話やテープが、毎日、ひっきりなしに来ていたそうです。

我々もまさに、その中の一つだったのです！


私たちのバンド「ベネッツ」のエレクトーン兼マネージャーの清水さんが毎日、オーディションをしてくれるプロダクションに電話してくれていました。それで、ダメ元でホリプロにも打診してみようと連絡したところ、なんとＯＫの返事がもらえたのです！

メンバー全員、躍り上がってしまう反面、大手プロダクションという重圧に気後れを感ぜざるを得ませんでした。


オーディションは都内の、あるスタジオでした。

堀社長をはじめ、役員の方々もズラッと揃った中で演奏スタート！　呼ばれたバンドは私たちを含めて３組で、ベネッツは最後。

前の２組、演奏も歌も、すげーウマい！　こりゃ、かなわないよー、と帰りはメンバーみ

東京での活動が始まった！

んなブルーでした。

ところが、数日後に、なんと電話での採用通知！　とはいっても、無情にも採用されたのは私だけ！

悩みました。一人だけなんて！　できたら、みんなと一緒にプロになりたい！

でもみんな、気付いていたんです。

「マミー、お前だけでもプロになって、俺たちの夢を叶えてくれ」

泣きました！　申し訳ないけど、仕方ありません。

悩んだ末に、バンドに別れを告げて東京へ……。

私のＧＳ人生が始まるのです！

オリーブ誕生

ただ、最初は、毎日、赤坂見附にあったホリプロに顔を出して机に座って何もせずに帰る……の繰り返し。

ようやく堀社長に「木村みのる」という新しい芸名をつけていただいたものの、メンバーが私一人ではバンド活動もできません。

担当マネージャーになっていただいた川瀬さんと一緒に、まずはメンバー捜し！

この川瀬さんは、後に井上陽水や山口百恵を手掛けたスゴい人なんです！

タイヘンでした。ジャズ喫茶を回って「いいな！」と思った相手を見つけても、本人に会うまでが難しいんです。だって、バンドのメンバーみんなをスカウトするわけじゃなくて、その中の一人だけに、「今のバンド抜けて、こっちに来ない？」と言うんですから。

楽屋に入るの自体がタイヘン！

渋谷の「ＶＡＮ」というジャズ喫茶で、「ＵＳＡ」というバンドの中にいたカッコいいギタリストをみつけた時もそうでした。

ようやく楽屋に入って、内容説明までしたんですが、向こうも他のメンバーもいる手前、「じゃあ、行きます」なんて答えられるはずもなし。

しばらくして、ようやく「ＯＫ」の返事がきた時には、ヨッシャー！　でしたね。

これが、50年に渡って、ずっと長く付き合いの続く竹屋一水、つまり「カズミ」です！

それから、次々にメンバーも決まっていきます。

ドラムは「ハー坊」こと森下春雄、エレクトーンは「ユタカ」こと山根祐、ベースギターは「オチャム」こと上原修。中野坂上で共同生活もスタート！

グループも、平和の象徴の「オリーブ」に決定！「オックスの弟バンド」としての第一歩が始まったのです。


１９６９年5月、オリーブが結成されてからの最初のマネージャーは「みっちゃん」こと三塚さんでした。

それでデビュー前はみっちゃんの提案もあって、ジャズ喫茶で、いろんな先輩バンドを見て勉強することになったんです。

今の若い人は、ジャズ喫茶って、よくわからないでしょうね。

簡単にいえば、お茶を飲みながらナマで音楽が聴けるお店。「ジャズ」って名前がついていてもジャズを専門にやるわけじゃなくて、GSブームのころは、もう、どこもGSバンドが出演して、今のライブハウスみたいなものです。

だいたいは2バンドがかわりばんこに30分くらいのステージをやる「対バン」形式が多くて、ビッグなバンドになると「ワンバン」もありました。

オリーブの活動が始まったころは、新宿ACBや銀座ACB、池袋ドラム、渋谷VAN、横浜プリンスとか、もうたくさんあって、どこも大盛況！

私は、新宿ACBでテンプターズのステージを見て、ショーケンのカッコ良さとファンの熱狂を見て、完全にノックアウトされてしまいました！

デビュー曲は『君は白い花のように』。クラい！

ついにレコードデビューの時は迫っていきます！

まずデビュー曲を決めなくてはいけません。作詞家の先生と打ち合わせをして、オリーブはヴォーカルである私の、青森出身の素朴なイメージでいこう、となりました。

当時まだ、私も青森弁が抜けてなくて、まわりによく指摘されていたんです。

そして、私の生い立ちを語っているうちに、長く病床に伏している私のお姉さんの話をテーマにしてみよう、となったのです。実は私の姉は原因不明の難病で、少女時代のほとんどを病院で過ごしていたんですね。

出来上がった曲が『君は白い花のように』。

「短い命でも、幸せになりたい」みたいな、ムチャクチャ暗い曲！

しかも、前もって姉には話してなかったんで、後で怒られまくり！

その姉も5年後、手術が成功して、今では元気にやっているのはなによりですが。


レコードの発売は１９６９年10月。

今振り返れば、遅すぎるデビューだったかもしれません。すでにボチボチ、有名なバンドの解散話が出始めていましたから。

だけど、私たちにはそんなの関係なし！「オックスの弟バンド」としてマスコミにも取り上げられるし、発表会まで開いてもらえる華々しいデビューです。

みんな上り調子だったホリプロのおかげなんですけど……。

発表会の会場は池袋ACB。ずっと私たちのホームグラウンドになったところです。池袋駅のすぐそばにあって、69年3月オープンていうから、私たちが出たのは出来て間もない時期！

忘れられない特徴といったら、ステージに緞帳があったこと！

劇場でもないので、緞帳って、ビックリでしょ？

客席も2階席まであって、とにかく豪華！

新宿ACBがナベプロ中心としたら、池袋ACBはホリプロのメンバーがメインでオックスはもちろん、モップス、パープル・シャドウズ、和田アキ子もよく出てました。

オックスの「失神騒動」が起きたところの一つとしても知られていました。

もう、発表会当日はお祭り騒ぎ！

ホリプロは社長以下、皆さんがスタンバイしているし、オックスの野口ヒデトさんも駆けつけてくれました。お客さんだって超満員！

もっともオリーブはまだまだ知られてなかったし、集まってくれたのは、ほとんどオックスのファンだったんですけど……。

よりによって、こんな中でＭＣをやらされたのが私！　緊張しないのが無理ですよ、まったく！　一生懸命、しゃべる内容を紙に書いて覚えて来ても、本番になったら、みんなすっ飛んじゃった！

あげくに最初の挨拶が、「こんにちは」ではなく、青森訛りの「こんぬつわ」になっちゃった！　どうしても出ちゃうんですね、こういう場で……。

落ち込みましたよ。よりによって発表会の、たくさんの人たちが揃っているところでやらかしちゃったんだから！

事務所でとっても世話になってた総務の渡辺さん、通称「ナベちゃん」に

「初めてだもの。まあまあよ」

と慰められて、余計に涙が止まらなくなった。

考えてみたら、私はまだハタチにもなっていない「子供」だったんです！

割に自由だった「合宿所」生活

レコードの売れ行きはあまり好調とはいえませんでした。

無理もなかったかな、デビュー曲が病に苦しむ薄幸の少女のストーリーって、ちょっとキツかった！　ジャズ喫茶でやっても、どうも盛り上がらないし。

というか、どのバンドも、レコード出してる自分の持ち歌はステージではあまりうたってなかったんです。

好きじゃなかったんじゃないかな？

モップスなんて、そもそも曲なんてほとんどやらないで、ずーっと（鈴木）ヒロミツさんのトークでつないだりしてました（笑）。

ゴールデンカップスも、ステージ上ではもっぱらR&B。レコードの曲をうたったのを聴いた覚えがほとんどない（笑）！

タイガースやテンプターズでさえ、ステージではローリングストーンズやビートルズをやってました。

よく今でも、昔からのタイガースファンが、

「ジュリーのコンサート行くと、知ってる曲、1曲しかやってくれない。なんでGS時代の曲、やってくれないの」

って嘆いたりしてるけど、ジュリーの気持ち、少しわかる気がします。

ＧＳって、自分たちがやりたい曲をレコーディングできるなんて、ほとんどなかったんです。作詞・作曲も含めて、全部まず会社が決めて、それに沿ってミュージシャン側は会社の意向通りに動く！

まだゴールデンカップスみたいなところはだいぶ自分たちの意志で動いていた気がしますが、タイガースを筆頭にしたアイドル系は、自由はなかなかきかない。

本人にとっては、とても窮屈なんです。

ただ、オリーブは、そんなに事務所に縛られてたっていう実感はなかったのです。

他のグループだと、ミリタリールックっぽいのとか、ビシッとスーツでキメるとか、それなりのユニフォームがあったんです。

オリーブは、テレビに出る時とかは一応ユニフォームがあったけど、ジャズ喫茶出演では自由に私服でやらしてもらいました。

事務所の私生活への干渉も、そんなになし！

デビュー前に、ホリプロが中野坂上の部屋を借りてくれて、そこにメンバー５人とバンドボーイ４人で一緒に住んでました。

２ＤＫの部屋に９人！

メンバーの中では私が一番年下だったし、いつも寝るのは押し入れの中！

ヒドいけど、これが住んでみると落ち着くんです。ふすまを閉めてスタンドつけたら、立派な個室!?

２階建ての一軒家の２階でした。ハタチ前後の若い連中が何人も集まってるもんだから、まさに高校か大学の部活の合宿所！　いっつも　大騒ぎ！

アノ藤圭子さんはオリーブのファンだった！

しかし、デビューしてすぐに、私たちはこの「合宿所」を出なくてはいけなくなるんです！

ご近所からクレームだらけだったんです！

私たちがうるさ過ぎたから?　そうじゃないんです。ファンのコたちが多くなり過ぎちゃったんです。

なぜかオリーブはデビューして何カ月かすると熱狂的な女の子のファンがついてくれて、日曜日の朝になると、合宿所のまわりに１００人近いファンが集まってきたりしたんです！

オリーブ・ファンクラブも結成された

ホントです！

朝目覚めて、きょうも来てるかな、って寝たままカーテンの間から足を出すと、外から「キャーッ！」って女の子たちの声が聞こえてくるくらい。

これじゃ、ご近所が怒るのもしかたありません！

別々にアパート借りるしかないな、ってなって、私は近くの四畳半一間に移りました。一人で住めばまだ楽なのに、バンドボーイもくっついてきて、全員で４人！

狭っ苦しかった！

オリーブの「合宿所」に、なぜかよく遊びに来てたのが、デビュー前の藤圭子さん！

当時は本名の阿部純子！

バンドボーイの一人と仲良しで、平気で私たちの部屋に入ってくるんです。もう、外のファンが猛烈なブーイングしてもお構いなし！

私生活は割と寛大だったホリプロも、さすがにどこかから電話があったんでしょう、「家にファンの女の子は入れるな！」

怒られちゃった！

藤圭子さんのことでは、実はその後もいろいろエピソードがあるんです。

やっぱり一番だったのが、彼女のデビューの新曲発表会を、なんと池袋ＡＣＢで、しかもオリーブのバッグ演奏でやったんです！

ずっとオリーブのファンだった本人の希望なんですが、当時、ちょっと考えられなかった組み合わせでした。

たとえば日比谷にヤングメイツっていうジャズ喫茶があったんです。そこはＧＳだけじゃなくて、ナベプロのタレントだった中尾ミエとかザ・ピーナッツとかのほかに、内山田洋とクールファイブも出たりしていました。

でも、さすがに演歌歌手は出ません！

ところが、それよりももっと徹底的にＧＳばっかりだった池袋ＡＣＢで『新宿の女』！

こんなのあり？　です！

やって来たお客さんだって、みんな、オリーブのファンばっかり。藤圭子なんて知るはずもない。なんでここで演歌の発表会なのよ？　って不思議そうな顔ばかり。

歌のパワーってすごいですね！

そんなモヤモヤした雰囲気は、彼女がうたい出した途端、スコーン！　と全部吹っ飛んでしまいました。

スゴい歌は年齢とかジャンルとかもみんな飛び越えて、人の心に訴えてくるんです！

天才！

あの時はつくづくそう感じました。

『新宿の女』は大ヒットして、最初は仕事の合間にオリーブのステージを見にきてくれたりしてたのに、すぐにそれは無理、になりました。来たら、客席がパニックになっちゃう！

映画にも出てライブでは大人気！

事務所の力、先輩であるオックスの応援もあって、オリーブもだんだんファンが増えていくようになりました。

弟バンドということでオックスのイベントに出演させていただいたり、雑誌やテレビ、ラジオなどにもちょくちょく顔が出せたのも効いたのでしょう。

映画にまで出演しました。

ホリプロの中にあるホリ企画と日活が共同制作したアクション映画『野良猫ロック』！

主演は梶芽衣子さんと、ホリプロの和田アキ子！

オリーブが何度も出ていたゴーゴーホール「新宿サンダーバード」が撮影場所でした。このゴーゴーホールっていうのが、当時、都内にはたくさんあって、演奏を聴くよりも、踊りにくる場、もっといっちゃえば女のコをナンパするところだったんですね。あとに出来たディスコやクラブみたいなものです。

オリーブは映画の中で、デビュー曲の『君は白い花のように』を演奏しています。今見ても、若い！　恥ずかしい！

同じホリプロの先輩・モップス、オックスも登場しますし、若き日の和田アキ子もR＆Bを熱唱してます。

そして、あの井上陽水も、アンドレ・カンドレとして、デビュー曲『カンドレ・マンドレ』！をラストシーンでうたっているのです。

私たちと陽水とは、ホリプロ入社でいうとほぼ同期生で、仲も良かったんです。それで、オリーブに曲も提供してくれました。

『愛ある国へ』！

今でも、ライブの中では、必ずうたってます。

会社から出る給料だって、当時はみんな一緒！　私も陽水も清志郎も和田アキ子も、確か月給3万6千円だったと思います。

信じられないでしょ？　今や億万長者の陽水と私がおんなじだったんですよ！

『野良猫ロック』が公開されたのが1970年5月。

世の中の流れでいうと、この年にGSブームはほぼ終わったといわれています。GSの代表みたいなタイガースが解散を発表したのも、この年の暮だったですから。

私たちのちょっと前にデビューしたようなグループでも、あちこちで解散話が出てた！

だけど、オリーブはまだイケイケ状態だったんです！

池袋ACBをはじめ、ジャズ喫茶に出れば、お客は集まってきてくれました。

ついには「ワンバン公演」までやることになったんです！

ワンバンて、つまりはワンバンド。普通、どこでも「対バン」で、二つのバンドが30分ずつ交替で演奏してたわけです。休憩をとるってこと以上に、2つのそれぞれのファンが来てくれるので、お客さんを集めやすいってメリットがありました。

でも自分たちだけで集められるバンドはワンバンで行く！

ノリにノリまくっていたオリーブ

当然、筆頭はタイガースです。黙っていても満員になるから、対バンなんてやる意味がない。テンプターズ、オックス、ジャガーズなんてトップクラスのＧＳもまた、ワンバン組でした。

なんと、その中にオリーブも加わったのです！

特にホームだった池袋ＡＣＢでは、本来、１ステージごとの入れ替えなんてないのに、私たちの時だけはやりました。

それだけお客さん、多かったんですよ。

事務所の先輩のモップスとは対バンする機会も多かったんですが、先輩には申し訳ないけど、集客力の点では、オリーブが圧倒的に上でした。

おかげで、オリーブの回が終わるとファンの女の子たちがみんな楽屋に来ちゃうんで、モップスの回は客席まばら。

ついにサジを投げたモップス・リーダーの（鈴木）ヒロミツさん、

「マミーさあ、お前らが楽屋にいくと、女の子がみんな付いてっちゃうから、俺たちのステージの時、お前、ステージ上の椅子に座っててくれ」

言われて、ホントに座ったりしてました。ウソじゃありません。ホントの話！

今となっては信じられないでしょうが、井上陽水より、忌野清志郎より、オリーブのマミーのが、ずっと人気があったんです！

これもホントの話！

ブロマイドの売り上げも2位に急上昇！

なぜか伸びないレコード売り上げ。そして……

ところが熱狂的なファンはたくさんいるのに、どうもレコードの売り上げが伸びなかったんです。

それでついには、レコード会社から2枚目は出さない、と通告を受けちゃった。

弱っていたところに手を差し伸べてくれたのが、『新宿の女』の大ヒット以来、完全にスターダムにのしあがっていった藤圭子さんなんです！

自分の所属していたレコード会社に私たちを推薦してくれた！

看板スターの要望となったら、会社もＮＯとは言えません。おかげでオリーブは、２枚目のレコードも出せるようになったのです。

今度は、藤さんの師匠にあたる石坂まさお先生に作詞をしていただいた『ハートブレイクトレイン』。リリースは１９７０年の秋。

ちょっと哀愁漂うウエスタン調でしたが、さすがに『君は白い花のように』に比べればテンポもいいし、ノリのいい曲でした。

あまり間隔を置かずに出した３枚目が『カム・オン！』。そのＢ面に陽水に作ってもらった『愛ある国へ』が入ったのです。

『カム・オン！』のリリースをキッカケに、ななんと！　オリーブがあの武道館のステージに立つことにもなりました。

この曲は、ハリスというガム会社のＣＭソングをカバーしたものだったのですが、そのハリスと契約していたアメリカのアイドル歌手・ボビー・シャーマンが武道館で日本公演した際、オリーブも前座として出演したのでした！

広かった！　いつも出ているジャズ喫茶とはまったく違う空間で、とにかくバンドの他のメンバーとも離れてるし、だいたい客席がずっと遠く！

当時はモニターもなし！　ドラムのスネアは遅れて聴こえてくるし、ギターもベースもほとんど音が聴き取れないくらい！

でも、こんな経験が出来たのもオリーブにいたおかげですからねぇ。

感謝感謝！　メンバーにも、ファンの人たちにも感謝です。


厳しかった！

『カム・オン！』はアップテンポの、ノリのいい曲で、今度こそ！　と期待していたのに、なかなか売れ行きが伸びません。ヒットチャート入りなんて、とてもとても……。

気が付くと、すでに１９７１年。

ＧＳブームに乗ってデビューしたほとんどのバンドは、もう解散するか、メンバーをチェンジしてロック系やＲ＆Ｂ系や、違ったテーストをつけて再出発していました。

象徴的だったのがジュリーやショーケンが合体したＰＹＧ結成だったわけです。

「ニュー・ロック」って呼ばれてました。ＧＳの時とは違う、もっと新しい音楽を、とＰＹＧに集結したようですが、あんまり盛り上がらなかったですね。

ジャズ喫茶も、集客がどんどん難しくなっていました。

一階席と二階席に分かれているところでは、二階席は閉鎖、が当たり前になってました。要するに、それだけ客が来ない！

その中で、オリーブだけはなぜかお客さん、集まってくれるんです。

ありがたい！

４枚目のレコード発売も決まりました！

これ、割に珍しいんです。私たちと同じころにデビューしたＧＳグループって、だいたい70年くらいには解散してて、出したレコードも１枚か２枚が大半なんです。つまりそれだけオリーブにはファンが多かったってことです！

曲は『マミー・ブルー』。偶然、私のニックネーム「マミー」と一緒。スペインのグループ・ポップトップスのヒット曲をカバーしたものです。

せっかく家に戻ってきても、愛する母はどこにもいない、と悲しみと絶望を切々と歌う歌詞で、どうも終わっていくＧＳブームとカブって仕方ありませんでした。

ＧＳブームだけじゃありません！　60年代後半って、ベトナム戦争の反戦運動があったり、学生運動が盛り上がってたり、世の中全体が妙にコーフン状態だった！

それが70年代になって急にサメてった。

その、心にポッカリ穴が開いた感じに、『マミー・ブルー』はピッタリだったんでしょう。原曲も世界的にヒットしたし、オリーブが出した4枚のレコードの中でもこれが一番売れました！

故郷を出て、一人で東京にやってきた私にとっても、心にしみる曲でした。

ただ、ずっと同じメンバーでやってきたオリーブも、『マミー・ブルー』を出す前にハー坊こと森下春雄が抜けて、ジャケットは４人になっています。

「最後のＧＳ」として……

確か、70年から71年くらいになると、ジャズ喫茶もどんどんなくなっていってました。

当然でしょう、出演者も減り、お客さんも減っているんですから。

オリーブだけは健闘してました！

1枚目

『君は白い花のように』ジャケット

2枚目

『ハートブレイクトレイン』ジャケット

3枚目

『カムオン』ジャケット

4枚目

『マミー・ブルー』ジャケット

ホームグラウンドの池袋ACBでは、スケジュール帳ではだいたい写真入りで、土日とか、お客さんが入りそうな日はワンバンでやらしてもらってました。

他のバンドは二階席閉鎖でも、オリーブは全席開放だったし、ステージ3回で全部入れ替え制だったりもありました。

それだけファンが根強かったんです！

気の毒でした。他のバンドで、お客さん5人！　なんてあったし。

ホリプロにいたおかげでしょう。給料もちゃんともらえて、バンドボーイも常時5～6人ついてて。楽器の運搬車もありました。

小さい事務所だと車はおろか、給料もゼロ、バンドボーイもゼロで、楽器は全部自分で運ばなきゃならないところも少なくなかったですし。

地方公演も九州から北海道まで全国各地に行かされました。

スパイダースの前座で行ったのもあれば、2回くらいかな、コント55号の前座もやった！

私たちが演奏やった後に、55号が出てきてコントやるわけ。どこかの体育館かホールでしたね。

別にキツくはなかった！　いろんなところに行けるのは楽しかったですし。事務所のバッ

最後には４人が残った

クアップで、こういう仕事をもらえるのもわかってたし。

とはいえ、まわりのグループがなくなってるのは、いやでもわかります。自分たちも、このままいつまでやれるか、不安でいっぱい！

72年に入ったころには、なぜか会社の指示で、私は俳優を目指すことになって、ジャズダンスやタップダンス、発声のトレーニングを始めました。

もっともそれは私だけ。仕事も少なくなってきて、他のメンバーは週１回、ジャズ喫茶に出るくらいで、もうあとはヒマを持て余すようになってた！

ジャズ喫茶にしても、新宿ニューＡＣＢと池袋ＡＣＢは存続していたものの、伝統のある新宿ＡＣＢや銀座ＡＣＢでさえ、次々と閉じていってました。

自然な流れとして、一人一人から「もう解散しようか」となって、事務所に呼ばれてミーティングです。

「今後、どうしたい？」

たずねられても、もうオリーブとしての展望はありません！

まわり見回しても、もう活動してるＧＳグループもほとんどない！　ホリプロの先輩だったオックスも71年にすでに解散していたし、かろうじて残っていたモップスも、もうＧＳのワクを超えて、サイケデリック・バンドとして活動してました。

音楽業界全体見ても、ちょうど吉田拓郎なんかが出て来たころで、流れが完全に変わってきてました。

ＧＳにいた人たちも、ハードロックにいったりR＆Bにいったり、ムード歌謡になっちゃったり、みんなモガイテた！

ＧＳの居場所はもうない！

「やめます」

オリーブのメンバー一人一人が、こう答えて事務所を去ることになりました。短かったような長かったような3年間！成功した、とは言えないかもしれないけれど、忘れ得ない、貴重な日々でしたね。あの体験を味わっただけで、自分が生きて来た意味があったと思っています。

涙涙のさよなら公演

オリーブのさよなら公演は、１９７２年８月30日に、まず新宿ニューＡＣＢであって、31日から9月3日までは、もちろん池袋ＡＣＢ！ものすごいファンたちが集まってくれた！

５日間、毎日、足を運んでくれて、そのたびに差し入れをしてくれるファンのコもいました。30日はパンケーキで、31日はマドレーヌ、１日はプリンで、２日がシュークリーム、３日がおせんべいだったかな。

もう泣きながら、毎日、楽屋口でくれるんです。他にも、いろいろなものを持ってきてくれるファンがいました。

私だって、いただくたびに泣いちゃってる。ていうか、ずっとステージ上でも泣きっぱなし。ファンの子たちも、泣きながら声援をおくるわ、テープを投げるわ。ステージ上は、テープの嵐で、歩くのまで大変！

3日の最後の公演が終わった後は、メンバーみんなで泣きながら抱き合って、バンドボーイの仲間とも泣き合って……！

みんな、時代の終わりを感じてたんですよね。終わっていくGSブームを見送る、最後の盛大な「お祭り」でした。

なんとなく解散に追い込まれて、さよなら公演もなくバラバラになってしまうグループも決して少なくはなかったんです。その点では、オリーブは5日間も公演をした上に、どれもたくさんのファンが集まってくれた。

ありがたいです。そしてオリーブを支えてくれたファンの皆さんやスタッフには、50年近くたった今も、ずっと感謝してます。

２階席まで超満杯だったさよなら公演

最後の公演も池袋 ACB だった

再びGSを！

オリーブ解散後、ヴィーナスというグループで活動したカズミや、今でもハイパーランチャーズでも頑張っているオチャムのように、音楽活動を続けた面々もいます。

ですが、私はそこには進まず、しばらく俳優の修業をした後、次はマネージャーとして活動をしました。第一プロダクションに所属して新沼謙治さんや千昌夫さんを担当したのです！

しかし、もう一度バンドをやりたい！　音楽に打ち込みたい！　と言う気持ちは心のどこかに残っていたのです！

その思いを実現させたのが、解散から30年以上たったころでした。すでに私は仙台の国分町に移っていて、２軒の飲食店を経営していました。

そして、ちょうど遊びに寄ってくれたオックスの岡田志郎さんが、経営しているうちの一軒のバーを見て、

「ここをライブハウスにして、自分も演奏すりゃいいじゃん」

とアドバイスしてくれたのです。

自らが経営する仙台のライブハウス『DRUM』でうたう

もちろんドラムを叩くこともある

広さはほんの12～13坪。こんなに狭くてライブハウスは無理だろうと勝手に思っていたのですが、志郎ちゃんによれば、これからはこのくらいの広さでちょうどいいとか。

さっそく店の中に演奏用のステージを作り、「ダイヤモンドヘッド仙台」としてオープン。バンドメンバーも集め、まずは動き出しました。

ところが突然起こった大震災！　仙台も大打撃をうけて、私の店も崩壊状態！　挫けそうな気持ちになりながらも、どうにか店を再建させて、店名も「ＤＲＵＭ」に改め、再出発しました。カラオケもありつつ、生バンドでの演奏もありの店として続いていて、もちろん私の歌とドラムもアリで、現在に至る！

いろんなお客さんが来てくれましたが、やっぱり一番うれしかったのはタイガースのピーさん（瞳みのる）が来てくれた時かな。なんといっても、同じＧＳの時代を生き抜いた先輩ですし、中でもタイガースは特別だったんです！　担当も私と同じドラムだったし！　ピーさんにいただいたスティックとＴシャツはずっと「ＤＲＵＭ」に飾っています。ぜひ見に来てください。黄金時代は築けなかったかもしれないけど、あの時代をＧＳの一員として駆け抜けたことは一生の宝でしょう。

楽しかったなぁ。

マミーの仲間は語る

竹屋一水
（オリーブのカズミ）

私は、立川にあった「ドミノ」っていうゴーゴーホールが拠点の、リボルバーっていうバンドにいました。それがＵＳＡになって、小山ルミって、当時人気のあった女の子のバックになった。そのＵＳＡの時に、渋谷のＶＡＮで演奏してて、マミーとホリプロのマネージャーから声をかけられたんです。

迷惑半分、喜び半分かな。ホリプロっていえばすでにメジャーだったし、行きたいのはやまやまだったけど、せっかくみんなで土台作って、私だけ抜けるのは抵抗ありますよ。

ただ、他のメンバーもわかってくれて、結局、オリーブに参加しました。

オリーブ、人気ありましたよ。

たぶん他のバンドに比べて「イモくさい」のがウケてたんじゃないかな。同じころのライバルっていうとヤンガーズもブルーインパルスも、どっちかっていうと都会っぽさがウリだったんです。ブルーインパルスなんか、ユニフォームもハヤリのミリタリールックでキメてたりして。

そこいくと、オリーブはメインヴォーカルのマミーも青森出身でナマリが抜けなかったし、オチャム（上原修）も青森出身。

どこかイナカっぽいんですよね。MCだって、マミーがナマったまんまやってたりしてたし。

ファン層も、確かに女子中高生もいたけど、地方から出てきて工場で働いてる、とかそういうコも多かったです。結局、バンドって、そこのメインヴォーカルの色になるんだろうな。ジャズ喫茶でも、他のバンドと対バンで出ると、向こうに比べて、だいたいオリーブのお客さんの方が多かったです。

はっきりいって、池袋ACBでも、オリーブの集客数はトップクラスだったんじゃないか

カズミ（左）とマミー

な。解散直前のころでも、オリーブはお客集まってました。

まあ解散直前は、メンバーもやめてくし、スケジュールはどんどん減るしで、そりゃみんな落ち込んでいきますよ。

それで解散後は、みんなそれぞれの道を歩むわけです。

私はヤンガーズにいた永井さんたちと組んで、「ヴィーナス」を結成しました。ちょうどディスコブームが来たころで、ディスコの他にもサバークラブとか、結構仕事が入って忙しくなりました。オチャムもオックスの志郎さんとグループ作って活動を始めました。

私は何年かヴィーナスにいた後、もともと親がやっていた東京・田端の飲食店を継ぎつつ、今もオヤジバンドは続けてますよ。マミーが東京に来たとき、ライブでジョイントしたりもしてます。

オリーブというGSでやっていたというのは、ただのいい思い出だけじゃなくて、今の自分にとっても大切な支えにもなってます。もちろん、その過去を隠したりはしません。楽しいことの多い3年間でしたから。

chapter 2

夢の続きを！

ザ・ラヴのユウジこと、高宮雄次は語る！

高宮雄次のGSへの原点は富山の高校時代に

もとはと言えば小学生のころから絵やデザインが得意だったので、ずっと漫画家かデザイナーを志望。中学のころからだんだん洋楽やロックに興味を持ち、プレスリーやポール・アンカなどのソロシンガーやグループのカスケーズやフォー・シーズンズなどにはまっていたよくいる男の子だった。そんなノーマルな僕の前に劇的に登場したのがベンチャーズとビートルズ。大げさかもしれないが僕の人生の価値観と方向性が大きく変化した時だった。

のちにグループ・サウンズ、ザ・ラヴのデビューをともにすることになった田島康史（ヘッケル田島）とは、富山の高校2年生からの同期の仲間。僕は生まれが宮崎だけど中学の時に親父の転勤で富山市の中学校に転校、漫画を描いたり好きな洋楽を聴いたりしていたごく普通の生徒だった。田島のほうは根っからの北陸育ちのボンボンで、父親は厳格で製薬関係の会社を経営していた。

高校に進学し2年生になった時、世の中ではエレキブームが起こりビートルズと加山雄三の『君といつまでも』が街中どこでも流れていた。成績はまあまあで進学コースの中の上くらい、新学年のクラス替えがあり新しいクラスに、そしてふたりの座席がたまたま前後になったのだ。

休み時間に後ろの席だった田島が口ずさむビートルズの歌詞の間違いがどうにも気になって、振り返り、

「その歌詞、間違ってるんじゃない？」

と声をかけたのがふたりの長いバンド仲間としての始まりだった。

夢はだんだん大きく、でも田舎ではエレキバンドは不良⁉

ベンチャーズがみんなにエレキギターへの興味を持たせ、ビートルズが演奏しながら歌うという革命的なスタイルで僕ら若者のハートを強烈に揺さぶった。それぞれ日本にもやって来た頃だったので日本中どこでもにわかバンドが雨後の筍のように生まれていた。

お互いにバンドに興味を持つことがわかった僕らも「やろうぜ！」ってことで同級生の仲間を集めバンドを結成。幸いだったのはクラスの担任の先生がバンド活動に理解があったこ

と。ホームルームの時間にウクレレを弾いたりする、加山雄三の「若大将」のようなハンサムでさわやかな先生だった。おかげで当時の田舎の高校では許されることが稀な文化祭などの演目にもエレキバンドとして登場させてもらった。もちろん大喝采、最高に気持ちよかった。

サラリーマンの初任給が1〜2万円の時代に、田島も高校生で5万円のドラム・セットを買ったりしたし、割とバンド仲間はどの家もカネのある方だったかもしれない。僕が知っている限り、この頃バンド始めた人間はまあまあカネに苦労してない家のコが多い。じゃないと楽器も買えないから。（だから不良の遊びとしてとらえる大人も多かった）そんなわけで僕は当時わりと硬派だったので親に無理を言って学力アップを条件にエレキギターを買ってもらったわけ。なんと今では見ることもないスズキのエレキギターだった。

同級生たちで「ザ・ジャンクス」というバンドを組み、地元じゃエレキバンド・コンテスト荒らしで、どんなコンテストでもベスト3には必ず入っていた。でも、その時点ではまだ「プロになりたい」とはまったく誰も考えてなかった。所詮は田舎の高校生、全国で通じるほど甘い世界じゃないとわかっていたから。でも最高に楽しいアマチュア時代だった。ちなみに

高校時代にザ・ジャンクスでコンクールに出演

まさに『青春デンデケデケデケ』そのもの

映画『青春デンデケデケデケ』というのを観たときまさに自分たちの姿を映画化したように感じたものだ。

さらにGSに近づいたキャンパス時代

高校を出て大学入学のために上京したのが１９６７年春。日本でもミニスカートをちらほら見かけるようになり、タイガーズやテンプターズなどグループ・サウンズ第二世代がどんどん台頭してきたころ、そんな世界を横目に見ながら僕は専修大へ、田島は東海大へと進み大学生活を始めていた。もちろん上京の本当の狙いは本場東京でのバンド活動を体験したかったのだが。

まさにグループ・サウンズ（以下ＧＳと省略）ブームのピークで、テレビつけてもＧＳだらけ、ジャズ喫茶に行けば熱狂的なファンの女の子の熱気と歓声でヴォーカルの歌が聴こえないぐらいだった。

さっそく僕らも、当然のようにそれぞれの大学でバンドサークルに入るつもりだった。ただ、田島の大学は自由な校風のイメージがありバンド活動が盛んでロックもＧＳ風もあったのに、僕のほうは、あるのはハワイアンとかウエスタンでエレキバンドのサークルはまだ生まれていなかった。

こっちの構内では当時の大学の流れだったように、ヘルメットをかぶった何十人もの学生たちが時々大きな声でデモ集会をしていた。


そんなわけで、向ヶ丘遊園から大根駅（現：東海大学前駅）まで小田急線に揺られ、僕が田島の大学に遊びに行く回数が増え、そこのバンド仲間と親しくなり、なんといつのまにかサークルのメインバンドの一員に加わっていた。自分の大学では伝統あるハワイアンを続けていたが、やっぱりなんとなくしっくりせず、いつかやめてしまっていた。

田島の大学のサークルでは、まず一年生だけでバンドを組まされる。それで、先輩のバンドに欠員が出ると、一年のバンドから引っこ抜かれる。最初、田島が上級生にドラムで引っこ抜かれて活動していたが、ベースの欠員が出て、たまたま遊びに来ていた僕がベース担当として加わったわけだ。ちなみにサークルの後輩バンドの中にはのちにナベプロからデビューするP．S．ヴィーナスの甲斐公志なども在籍していた。

大学のアマチュア時代の演奏活動はというと、ゴーゴーホールやスケート場とかのイベント会場、中でもよく出ていたひとつが当時有名なダンサーだった中川三郎さんが経営していた生バンドホールの「ディスコティック」。（今でいうライブハウスに踊れるスペースがあるもの）チェーン店になっていて銀座や新宿をはじめあちこちにあって、新生のアマチュアバンドや学生バンドも出られたんだ。もちろんどこのハコでもちゃんとオーディションがあった。みんながノリやすいローリングストーンズ『サティスファクション』とか、あとは当時ハヤっていたR&Bの『ムスタング・サリー』とか、洋楽ならなんでもやっていた。なぜかビートルズ・ナンバーやGSのカバーは踊りに来た客のウケが悪いのでほとんどやらなかった。

まだ憧れのGSの世界を追いかけて

まだまだGSメジャーの入り口までは道半ば。

自分たちのバンド活動がけっこう忙しかったのもあってGSの出演の多いジャズ喫茶などに観客として見に行ったのはそう多くはなかった。（お金もなかったけどね）GSのメッカだった新宿ACBなどは、ザ・タイガーズ（なぜかタイガースではない）が出たりすると超満員で入れなかったし、女の子のファンの間に混ざって客席にいるのは恥ずかしいし。

それでも何回かはあの新宿ACBへと頑張って観に行ったものだ。ライオンズやビーバーズなどを観て感激した記憶は今でも鮮明に残っている。いつかは自分もあのステージに立つことがあるのだろうかとドキドキしていた。ただなんでバンドの名前が動物の名前ばかりなんだろうと不思議に思ったし、そしてかっこいい響きだなとも思った。


銀座ACBにも何回か観に行っている。銀座というだけに客層が大人っぽかったので、そんなに女の子ファンばかりじゃないところが居心地よかった、そしてここに来れば目指すGSのスターに会えるときめきもあったし、何よりもやっぱり自分への刺激になった。

スパイダースと内田裕也&ブルージーンズの対バン（共演バンド）なんて言うのもそこで見ることができた。当時のブルージーンズには寺内タケシさんももちろんいたし、裕也さんがロックンロールのスターとしてソロシンガーとして加わっていた。銀座ACBは客席が一階と二階とあって、真ん中に丸いステージがあったのを覚えている。

出演バンドはどっちかというと多種多様でジャガーズやモップスも出ていたし、時にはロカビリー時代のスターたちも出ていた。ベテランになると持ち時間30分のうちヴォーカルのおしゃべりばっかりで歌は2曲だけなんてことも多く、店の人から「もっと曲やれ」って怒られていたらしい。ヘッケルがステージを観に行ったときも裕也さんのおしゃべりが多かったようだ。なるべく近くで見たくて前の方の席行ったら男は自分1人でビックリ。肩身の狭い思いをなんてこともあったらしい。

目の前にGSデビューの扉が！

GSとしてのスタートは突然やって来た。

そんなアマチュアバンド活動を続けていた大学1年生の終わりころ、僕たちはGSバンドメンバーとしてスカウトされた。まず田島に声がかかった。声かけてきたのは元アウト・キャストの藤田さん。GSの草分けの一人で『友達になろう』とか、すでにヒット曲を出していた。そのアウト・キャストを抜けて、新しいバンドを組もうとしてメンバーを探していたのだ。

僕らとしたらプロデビューするなら大学のバンド仲間メンバーみんな一緒でやるつもりだった。でも、田島が先輩たちに相談すると大学3年生になろうとしている先輩たちからは「プロになる気はない」とあっさり。バンドを続けるなら絶対に魅力的なプロという世界で、とやる気があったのは僕と田島くらい、じゃあ二人で藤田さんについていこう、ってなった。

一方、たまたまアウト・キャストに売り込みに来ていたキーボードの木幡ヒロミが藤田さんを紹介され、僕たちのメンバーに加わった。そして初代ヴォーカルとしてイチローちゃんが加わり、ベースの僕とドラムの田島とで、藤田さんをリーダーに「ザ・ラヴ」というバンド名が決まり、５人編成のＧＳバンドとしてとりあえずスタートしたわけ。レコード会社は東芝、プロダクションは当時三軒茶屋近くの太子堂にあった「竹部玲子バレエ団」。

１９６８年の春も終わるころ、方向性としてはアイドル系ＧＳバンドだった。

最初はベース担当だった

もうＧＳブームは最高潮、過熱状態のころで、所属事務所の竹部玲子バレエ団も「竹部企画」として新しいタレントとしてのＧＳに力をいれていた。当時西野バレエ団とかナベプロのスクールメイツなど歌手やＧＳのバックで踊るグループがハヤっていたが、竹部玲子バレエ団もそっちで子供も含めた若手育成が本業のプロダクションだった。先輩タレントに「ザ・スパッツ」というジャニーズと同じような、踊って歌えるグループもいた。アウト・キャスト時代の藤田さんはナベプロ所属だったので、一応、ナベプロともパイプはあった。

とにかく早くメンバーを固めて動き出さなきゃって関係者はみんな急いでいたようだ。ともあれ、ついに自分たちが目指していたGSの世界へのデビューがぼんやりと、そしてだんだんはっきりと見え始めてきたことで、毎日毎日がワクワクの連続だった。

ヴォーカル高宮雄次GSデビューへ

バンドのメンバーが固まったら「音固め」の演奏営業に出るようになった。ダンスホールやゴーゴーホール、たとえば新宿コマの近くにあった「POP」や「アップル」、渋谷の「VAN」とかで出演しつつ、サウンドを固めていく、米軍キャンプやデパートの屋上とかでも。演ってたのはビージーズの『ホリデイ』とか1910フルーツガムカンパニーの『サイモンセッズ』、ウィルソン・ピケットの『ダンス天国』とか。なかでも全員がうたえたのでコーラスが活きるナンバーなどを積極的に取り入れて、ほかのＧＳライバルたちに負けないサウンドづくりをした。もちろん仕事のない日も太子堂の事務所のスタジオでの新曲の練習を。みんなで無意識にがむしゃらに頑張っていたこのころ、新しい音楽を聴き、なんでもスポンジのように吸収し、挑戦し続けてゆく毎日が続く。面白くて最高に楽しかった僕のバンド時代だった。

毎日の練習でバンドとしてのテクニックはどこに出ても負けないくらいレベルアップしていた。

ただ一方で困ったことも。メインであるヴォーカルがなかなか定まらない。事務所やバンドの方向性がどうもハマらないとイチローちゃんがリタイヤ、次の候補者も脱落、しばらくはヴォーカル抜きの４人で活動していた。デビューも目前、レコーディングのタイミングも迫ってきているのに、どうしてもメインのヴォーカルが決まらない。そんな状況の中、マネージャーや事務所、みんなで相談した結果、アイドル系バンドとしての「見た目」を、ということで、ベースギターをやっていた僕が「ヴォーカル役」（この言い方がふさわしい）を担当することになったわけ。

ベースからヴォーカル担当にチェンジしたころ

そんなに歌が得意なわけでもなく、センターでみんなを引っ張っていけるのだろうかとも思いつつ、GSの花であるメインヴォーカルを務められるという魅力がなくもなかった。しかしこの選択がのちの自分の人生の生き方に大きな影響を与えてくれたと今は感謝している。

その時に、ベースギターだった僕の代わりにビートルズのポールと同じ左利きのベース、カール（荒井ヒデオ）が加わることになった。これで最終的にザ・ラヴのデビューメンバーがそろったわけ、68年の夏も終わろうとしていたころのことだ。

あのころのGSはメンバーには必ずニックネームをつけるのが決まりみたいになってい

て、リーダーの藤田さんが名付け親になって名前が決まっていった。田島は、アニメの『ヘッケルとジャッケル』のヘッケルに似てるからって、「ヘッケル」。だから今でも「ヘッケル田島」とよばれている。（以下、田島をヘッケルと呼ぶ）リーダーの藤田さんが「コッチ」木幡は「ミー」荒井は「カール」。ちなみに僕はなぜか「ペペ」だったが、ベタすぎるのかあんまり定着せず本名の「雄次」そのままの「ユウジ」の方が残った。現在ではさらにモジって〝UZ〟と書いて「ユージー」と呼んでもらっている。

プロとしてのデビューとプロモーション活動

ＧＳのプロ活動として本格的に名乗りを上げたのは１９６８年9月、横浜プリンスや池袋のジャズ喫茶でのステージだったろう。横浜西口から歩いて5分くらいにあるプリンスは、当時、ＧＳの一流どころが必ず出るジャズ喫茶で、ここに出れば「プロ」として認知される憧れの舞台だった。対バン（共演バンド）で有名バンドともいろいろ一緒になった。ジャガーズを離脱した宮さんのニュージャガーズともやったし、売り出し中の和田アキ子やピンキーとキラーズも出ていた。のちにカーナビーツのヴォーカルになったポール岡田さんもザ・キャンディーズとしてここで出会っている。

事務所やマネージャーの力もあり、おかげ様でテレビや雑誌、ラジオの仕事はどんどん来た。結成早々9月の時点でのテレビ出演も決まった。毎週月曜の19時30分から、NET（現・テレビ朝日）で放送されていた『ヤングポップス・エキサイト』という音楽番組にもよく出演させてもらった。

GSバンドが5～6組出る1時間番組で、司会は前田武彦さんと、泉アキさん。GSのメインはジャガーズ、大きなゴーゴーホールのセットで、ゴールデンカップスやワイルドワンズなども出ていた。ゴーゴーガールが台の上で踊り、たくさんのお客さんも一緒に踊っていた。スポンサーは京浜急行だったために、京急沿線からの中継も入っていた。

CMにも出たおかげでラヴの注目率はぐんと上がった。サクラカラー（現コニカミノルタ）のCMだ、アイドルの女の子がファンの役で、カメラもってGSのステージの写真撮るシーンなんだけど、そのGSグループが僕らで、彼女に言うのだ。「サクラカラーじゃなきゃいや！」って。ちなみに、この時スタジオで撮影を仕切っていたスーツ姿の男の人たちを見てかっこいいなって思ったことが、僕がのちに広告業界に入ったきっかけになっている。

サクラカラーのCMにも出演

要するに、人気先行型もいいところ。仕事の掛け持ちでタクシー移動すると、ファンの女の子がタクシーで追いかけてくる。高校生や中学生だからまさかそんなタクシー代持ってるはずないのにどうしてんだろうと心配になったくらい。タクシーの初乗りはたぶん80円くらいだったかな。ラヴのファンはどっちかといったらマジメなコが多かった。一生懸命おカネをためて、ジャズ喫茶のワンドリングつき500円の入場料をもってきてくれる。あんまり不良っぽい子はいなかった。ステージ時間が遅くなったときはメンバーから「早く帰ったほうがいいね、気を付けてね」と声をかけていたくらい。

ファンクラブも一緒に楽しく活動していた。

まだデビューもしていないのにテレビに出て、CMに出て、ファンクラブもできて、68年の終わりころにはGSのメッカである新宿ACBにも出るようになっていた。ステージの階段を下りたところにある楽屋の壁が落書きで真っ黒になっていて、とにかく汚ない楽屋のイメージだった。すぐそばにあった「増田屋」のそばや、「登亭」のうなぎが夕食の定番だった。新宿だとほかにも歌舞伎町のラセーヌや、ニューACBにもよく出ていたな。

ファンクラブの活動も活発で、デビュー前の68年秋、すでにファンクラブが結成され、みんなを集めてバス1台を貸し切って神奈川の剣崎へバスハイクを。会報や会員カードもあり、出演スケジュールやテレビ出演やチケットの案内情報などがハガキなどで会員に送られていた。デビュー後の69年5月にはバス2台を貸し切って、ファンクラブ主催でビートルズの『マジカル・ミステリー・ツアー』をモジり、山中湖へのマジカル・バスツアーも開催された。メンバーの持ち物のオークションをやったりファンと一緒にバトミントンで遊んだり、そんな感じでラヴはファンに優しい親しみのあるGSといったイメージだった。

どういう流れなのか映画にも出た。大映で、江波杏子さん主演の『女賭博師　みだれ壺』と、安田道代さん主演の『ある女子高校医の記録　失神』。『失神』のほうは僕らが出演したシーンはなぜかモノクロだったのを覚えている。レコードデビューもしてないGSバンドが映画出演したことでそれなりに話題にもなった。ファンも騒いでくれてたし、映画出演がまだ今よりもステータスがあった時代だったのかな。僕らも調布の大映撮影所でいろいろな映画スターと会えたのが嬉しかった。別のスタジオで池内淳子さんが映画撮ってたりしていて、頼んでサインもらってうれしかった。そうか、池内淳子と言っても今の若い人、知らないか。

そういえばこの年の12月、東京府中市であの「三億円事件」が起こったのも鮮明に記憶に残っている。ラヴのステージでも、しばらくはみんなで犯人捜しの話をしたから。

ついにレコーディング！　いよいよGSデビューへ

デビュー曲のレコーディングは68年の11月から始まっていた。

レコードのA面つまりメインの曲は後に越路吹雪さんがNHK紅白で2年連続でうたった

『イカルスの星』。それを自分たちでＧＳバージョンにアレンジしたもので、レコード会社としてはトップスターとの競作で話題性を狙ったものだった。

録音は有楽町のニッポン放送スタジオ。当時はスタジオ・ミュージシャンを入れるのが当たり前だったのを、ラヴは、自分たちメンバーだけで済ませた。また、録音技術スタッフもドラムを集音するのにビーチパラソルを立てたり、パートごとに壁を作ったりして気合が入っていた。今風のミキシングのはしりかな。

歌は本来自分の本職ではなかったのでレコーディングはホント厳しくて、ヴォーカルだけでも何十回と唄い直しされたことか。その証拠に歌いすぎでＢ面の『ワンス・アゲイン』のほうはいい具合に声がかすれている。そもそもレコーディング前に、溜池にあった東芝のスタジオで『イカルスの星』と、『ワンス・アゲイン』を演奏とバックコーラスを含め、年をまたいで一カ月以上もやらされた。今みたいに音を調節できる時代じゃなかったから。

もうひとつの裏話がある。なぜか何の関係もない、フォーク・クルセダーズの加藤和彦さんが突然フラッとスタジオにやってきて、「俺も参加したい！」ってギター演奏で加わってくれた。レコードをよく聴きなおすとちゃんと加藤さんの12弦ギターの音が入って、スパイスのきいた演奏になっている。

『ワンス・アゲイン』は藤田さんが作った曲。2曲ともにイントロから特徴のあるエンディングまでいろいろ藤田さんと一緒に考えたものだ。今思えばその時間が自分にとってラヴで最高に楽しい時間だった。ちなみに2曲ともベース演奏は荒井のバンド合流間もなかったので僕が弾いている。

『イカルスの星』ジャケット

芸能界に入ったという実感の日々

明けて69年の正月、『イカルスの星』競作のご縁もあって、一度、越路吹雪さんの家に招かれた。雪の日で、越路さん、子供みたいにキャッキャ喜んでいて、僕らの曲を聴くと、「へー、『イカルスの星』がこんなに変わるの！」と作曲の旦那さんともども感心されていたのを覚えている。

驚いたのが食事をするために越路さんとみんなで出かけた時だ。タクシーに一緒に乗ったはいいけど、途中、警察の検問があって、なかなか前に進まない。そしたら、越路さん、

「運転者さん、前に行って」

って、いきなり並んでる車を追い抜き警官の横に付けて、

「越路です。ごくろうさまです」

いわれた警官、「ハッ」とそのままタクシー、通しちゃった。スターってスゴいな、と感心しちゃった。今じゃ考えられないような出来事だった。


テレビ番組の打ち上げなどでも居並ぶ有名タレントたちと一緒に参加したこともあったが、この時はさすがに「ああ、自分も芸能界にいるんだなあ」と秘かに感激していた。ただ新人なんでみんな隅で小さくなって、誰かに声かけられたら答えて話すくらいだった。時にはプロデューサーたちに誘われて行きつけの夜のお店なんかにもついて行ったり。そこで隣にテレビや雑誌でよく見る顔を見たときもそんな実感がしたものだ。

ＧＳとしてジャズ喫茶デビュー、ＣＭ出演、テレビ・雑誌デビュー、映画出演、レコーディングと、とんとん拍子に続き、そんなこんなで68年の暮れも押し迫ったころ、まだレコード

発売もしてないのに、ついに69年の『日劇新春ウエスタンカーニバル』から出演のオファーが来た。

もう当時から「GSの紅白」っていわれていて、バンド組んだからには、出るだけで名誉なステージ。ブルー・コメッツからタイガース、テンプターズ、スパイダースといった一流どころが全部出てくる一大GSイベントなのだ。

ああ、来るところまできたんだなって、嬉しくてしょうがなかった。

GSの紅白『ウエスタンカーニバル』出場で……

感慨に浸っているヒマはなかった。レコード制作も並行して進んでいたので、『ウエスタンカーニバル』の昼の部と夜の部の合間にレコードのジャケット撮影をしなきゃならない、それくらい忙しかったわけ。おかげで、撮影が押して出番に遅刻しそうになり、ギリギリでステージに間に合ったということもあった。あとで主催者にムチャクチャ怒られた、らしい。

怒られたといえば、居並ぶスターに対抗して少しでも目立ちたいからと、ステージ上のパフォーマンスで「馬跳び」をやった。間奏の間にギターとベースが馬になってそこを僕が跳

'69日劇新春ウエスタン☆カーニバル

景	出演者	曲目
オープニング	全員	ジャンピング・ジャック・フラッシュ
1	加瀬邦彦と ザ・ワイルド・ワンズ	ラン・アウェイ ワン・ラスト・キッス 赤い靴のマリア
2	アダムス	ドンナ・ドンナ 旧約聖書
3	ゴールデン・カップス 尾藤イサオ	本牧ブルース アイ・キャン・ノット・キープ・フローム・クライイング ファイア
4	ザ・ラブ	プッシュ・イン・ツー・ハード
	ザ・フィンガーズ	孤独の叫び
	ザ・ヤンガーズ	あの娘に恋の花束を
	ザ・リリーズ	ドアを開けて
5	ジャッキー吉川と ブルー・コメッツ	ブルース さよならのあとで 霧の赤坂
6	フォー・リーブス ハイ・ソサエティ	オリビア オルフェ ユー・キープ・ミー・ハンギン・オン ジャンピング・ジャック・フラッシュ
7	ザ・テンプターズ	秘密の合言葉 ストリート・ファイティング・メン おかあさん 純愛
8	ザ・タイガース	青い鳥 朝に別れのほほえみを 帆のない小船 割れた地球
9	田辺昭知と ザ・スパイダース	ビートルズ・メドレー ガラスの聖女
フィナーレ	全員	オブラディ・オブラダ

ラヴが登場した時のウエスタンカーニバルの香盤表

んでいくわけ。そこで、一度、勢い余って客席まで飛び込んじゃって、お客さんの膝に乗っちゃった。これも「危ない」って怒られた、らしい。「らしい」というのはその都度マネージャーが怒られているので……。怒られて当然だな。ただ、それくらい「目立たなきゃ」と必死だった。何かしなきゃ、タイガーズやテンプターズのように注目してくれないし、とにかくほかのバンドより目立ちたかった。

ほかに『ウエスタンカーニバル』初出場の新人にヤンガーズやリリーズもいた。あの「双子のリリーズ」じゃないよ、GSのほうが早いんだよ。このへんのバンドはデビューも近くて、いわば僕らのライバル。ヤンガーズもアイドル系GSとして69年の中心GSとして頑張っていた。あとは、キャリア長くて、テレビのエレキ・コンテストでも優勝したことのあるフィンガーズとか。フィンガーズの成毛滋さんは、ブリジストンの石橋正二郎さんの孫。ガチガチのサラブレッドである。GSのあとはストロベリー・パスをつのだ☆ひろと結成したりして、日本のロックを作っていった人の一人。

僕ら遅れて来た「第三GS世代」は、あんまり売れなかったけど、こういう次の音楽シーンへの橋渡し役になった人は多いんだよね。

思いどおりには行かないGSの進む道

そんな楽しいステージとは裏腹にみんな、不満もあったと思う。もっと自由に音楽やりたかったのに、敷かれていたのはアイドル路線でしょ。まず売ろうって、会社側の方針になっていた。途中で出て行ったイチローちゃんなんか、はっきりR&Bがやりたかったらしいけど、やらしてもらえるわけがない。

とにかくスキャンダルはダメ。アイドルなんだから絶対に女のコとは付き合っちゃいけない。（建前だけどね）街の中で女のコと歩くなら最低5メートル離れろ、と教えられていた。当時、マネージャーは、もともと弘田三枝子さんのマネージャーやっていた人とか、フェニックスでベースやっていた宮崎さんとかだった。みんな厳しかったね。宮崎さんは今でも「MIYAエンタープライズ」として音楽のプロデュースなどで活動している。

他のバンドとの交流もほとんどなかった。リーダーが、「口きくな」っていうの。アイドルグループのメンバーが、他の連中と付き合ってヘンな「遊び」を覚えたりしちゃいかん、てことなんだろう。まあ、ほんとかどうか確かめたわけじゃないけど、クスリでも女のコでも、派手にやってるバンドもいたらしいし。ラヴのリーダーだった藤田さんがナベプロにいたこともあるのに、ナベプロ系のバンドともほとんど交流してない。せいぜい、対バンした相手の演奏を、ソデから見るぐらい。

ただ、ヘッケルが、『ウエスタンカーニバル』の時、ブルー・コメッツのジャッキー吉川さんの楽屋に呼ばれたことがあった。ヘッケルが「なんか怒られるんじゃないか」ってビクビクして行ったら、ブルコメのメンバーがみんなパンツ一丁でくつろいでいた。日劇の楽屋はみんな畳で、大物GSもみんなあぐらかいてた。

そこでジャッキーさん、

「ドラム教えてやるから、オレんとこに通え」

だって。さっそくヘッケル、通ってた。すぐに手が出てきそうな恐い教え方で、でも、大先輩だから絶対に逆らったりできなかったらしい。それもあってか、今でもヘッケルのドラムは一級品だ。

マジに「体育会系」だったGSの上下関係

GSの世界も、基本的には「体育会系」だった。先輩と後輩の序列がはっきりあって、後輩は先輩に声をかけられたら行くけど、自分からは行かない。『ウエスタンカーニバル』でも、先輩の楽屋にはもちろん挨拶に行く。僕らぺーぺーだったんでみんなの楽屋を回った。礼はしっかりやらないとマネージャーにむちゃくちゃ怒られる。ただし、一緒に飲みに行く、とかはなかった。もちろんほかのバンドも例外もあるよ。そのころ僕らは、下北沢に住んでいて、よくメンバーと麻雀してた。

ここからはヘッケルの記憶にある話だが。

ある時、ドアがノックされて、開けてみたら、知らない女性が「麻雀見てていいですか」って入ってきた。で、そのうち、「私の家で麻雀しましょう」って誘ってきた。ヘンな人だな、と思いつつ付いていったら、ジャガーズの宮崎こういちさんの奥さんだったの。

それがキッカケになってジャガーズの人たちとはよく遊ぶようになった。そこからまた、宮崎さんを通して、銀座の若手の「遊び人グループ」で、スパイダーズの井上順さんや大原麗子さんもいた野獣会にも出入りしはじめた。50年たった今、当時現場にヘッケルと一緒にいたはずなのに、自分の記憶にはないのだが……。

第三GS世代「ザ・ラヴ」のレコードデビュー

１９６９年の始まりはようやく待ちに待ったレコード発売だ。１９６９年の3月だった。さっそくニッポン放送のラジオリクエストでは1位を獲得。もっとも原盤権はニッポン放送が持っていて、相当プッシュもしてくれていたけど。レコードデビューで一応はホッとしたものだ。

デビューのタイミングに合わせ各雑誌社の取材が入り、テレビやラジオの出演も増えた。今考えると普通じゃない、ジャズ喫茶などの昼夜の掛け持ちの日が増えていった。ただ、その都度ファンに追いかけられ、自分たちは売れっ子になったような気がして、その大変さはあまり気にならなかった。マネージャーの指示どおりに動くだけで毎日が何をやってるのかわからない状態だった。高校時代に映画館で観たビートルズの『ア・ハード・デイズ・ナイト』の映画を思い出した。毎日が好きな音楽と仲間たちと一緒で、この最高に楽しい時間が永遠に続けばいいなと思っていた。

「わけがわからないまま」と言えばこんなこともあった。朝のワイドショーの1コーナーだったと思うが、朝っぱらからマネージャーにテレビ局に連れて行かされ番組に出演したことも。話題の新人歌手たちが何組か出て歌う、それを評論家が聴いて良し悪しを評価するもの。歌謡曲や演歌歌手に交じってザ・ラヴも出演、なんと演奏は自分たちじゃなくフルバンドで、それもリハなしのナマ放送。

「ありえない！」と思った。朝だし、ほとんど寝起きの状態で連れていかれ『イカルスの星』を唄わされたのだが、その状況での他との歌唱力の差は歴然。その時の審査員だった「淡谷のり子」大先生にあの毒舌でこっぴどくののしられた。

「これは歌じゃないわね！」と。

全国放送だったので富山の連中も観ていたようで、あとからみんなから笑われた。

音楽界、芸能界でのいいこと、悪いこと、いろんな体験をしていたこのころ、今思えばGSとして一番楽しく、充実していたころだと思う。

余談だが3月10日東芝での新譜レコードの記者発表会でラヴの『イカルスの星』と同時に紹介されたのが『夜明けのスキャット』。当時派手な感じの女性アイドルが多い中、落ち着いた感じの「由紀さおり」が隣にいた。そしてその年の大晦日、なんと彼女はＮＨＫ紅白歌合戦でその曲を堂々と歌っていた。

忍び寄るＧＳブームの落日

ＧＳブームも下り坂になっていたのは誰もがわかっていた。今、出しておかないと乗り遅れちゃう、と僕らだって、危機感いっぱいだったもん。だが、結果的には「乗り遅れちゃう」ではなく、「もう乗り遅れてた」んだな。１９６９年から70年にかけて、ＧＳの解散雪崩が起き始めていた。

トッポがタイガーズから脱退したのが１９６９年。代わりに岸部シローが入ったが、タイガーズも以前の人気は取り戻せなかった。

そしてビートルズが解散したのが１９７０年。『レット・イット・ビー』がリリースされた年でもある。もう大きな時代の変わり目。

ビートルズが終わったのはショックだった。
だって、そもそもの始まりがビートルズに憧れて始めたバンド活動だったのだから。
GSの世界も、このあたりで再編成の時期に入ってく。

スパイダースだけはどうにかメンバーも変わらず安定した活動は続けていたものの、人気トップだったタイガーズとテンプターズ、そしてオックスまで、もうケンカ別れでチリヂリバラバラ。音楽の方向性の違いや息詰まり感など理由は様々だったが、ほかのグループもみんな似たようなものだった。

そのうち71年になってジュリーやショーケンを中心にPYGってバンドができた。GSを超えたニューロックを目指していて、僕らからするととてもいいチャレンジをしてたと思うんだが、一般の人の見る目はそうじゃなかった。「GSの残党」とのそしりも。

日比谷野音あたりにPYGが出て、「帰れ」コールが起きたんだ。もうお前たちは時代から取り残されてる、と。ちょうど同じ時期に大瀧詠一、細野晴臣、松本隆などの「はっぴいえんど」なんかも野音には出てきていて、あきらかに音楽シーンの「主役交代」だったんだな。

69 年夏。三浦海岸でのライブステージ

音楽を続ける楽しさと苦しみ、そして……

話を69年に戻そう。レコードをリリースした後も、僕らは、一生懸命、「アイドル系ＧＳバンド」としての活動を続けていた。

ジャズ喫茶に昼夜かけもちで出て、次に出すレコードの予定の曲を練習もしていた。夏場になったら、三浦海岸や船橋ヘルスセンターなどでもライブをやったりもしていた。レコードを出して、「持ち歌」があるのはありがたかった。外国のカバー曲だけをやるのとは、お客さんの反応が全然違う。ライブはそれなりにとても楽しかった。

一方で、ふと考えさせられることもあった。

ある日突然、所属事務所が「竹部玲子バレエ団」から「桜井五郎オフィス」に移籍になったんだな。途中経過はまったく知らされず、あとになって「移ったよ」って言われただけ。勝手に身売りされたようで、なにか納得できなかった。桜井さんはロカビリーの生き残りで、実績もある人だったけど、事前の話し合いもなく、いきなりはないだろう、と屈折した。そんなわけでリーダーの藤田さんとの関係も微妙になっていた。


69年夏、ちょうど巷ではアポロ11号の世界初の月面着陸が話題になっていたころだ。2作目のレコード制作の話も始まり、レコード会社の選択のレベルまで進んでいた。曲も藤田さんのオリジナル『心に秘めたこの愛を』をA面に、アウト・キャストの『友達になろう』をカバーしたカップリング。ステージの合間の練習にも力が入っていた。

今振り返れば、リーダーだった藤田さんの気持ちもわかる。自分はアウト・キャストをやめて、ラヴで勝負をかけている。絶対に周りに負けたくない。それで必死にメンバーをシゴく。

「おい、そこ、アタマで音程、フラットしてるだろ！」

「なんで、そのフレーズすぐにマスターできないんだ!?　俺たちはプロなんだぞ！」

なんて怒って、つい手が出たりする。結局、体育会系。みんな、藤田さんにいつ怒られるかとピリピリしてた。

僕は、そんな雰囲気がたまらなくイヤだった。楽しくやりたくて始めたバンドなのに、これじゃちっとも楽しくない。すべて抑えられていて自由もきかない。大学は休学していたものの、籍は残っていた。だから学生気分だったのかな。プロの厳しさについていけなかったのかもしれない。

69年の9月だった。その日、ラジオの収録があって、決まった時間にラジオ局に行かなきゃいけない。住んでいた下北沢からタクシーに乗れば、たぶん間に合う。それでタクシー止めようとしても、なかなか来ない。30分くらい待ち続けて、フト思った。

「もういいか」

……僕のラヴは終わっちゃった。

ずっと心にため込んでいた不満が、一気に出て来た。GSを取り巻く時代の流れがだんだん変わって来ている焦りも少しはあったのかもしれない。順調にいっていれば移籍話なんて出るわけないから。結局、僕はそのラジオ番組を無断欠席した、いわゆるひとりドタキャンだ。あとで聴いたら、ヘッケルが僕のふりしてしゃべってくれていた。ほかのメンバーには申し訳なかった。

子供だった。

「ザ・ラヴ」の終わりとその残り火

僕が抜けてすぐに、ザ・ラヴは解体していった。

GS界全体が離合集散というか、あっちのバンドが解散したかとおもったら、その数人がまた別の解散バンドのメンバーと合体したり、あちこちでPYGのようなことが起きていた。はっきり言ってGSとしてのブームのピークは完全に過ぎてしまっていて、そんな形で再結成しても成功したGSバンドはなかったのだが。

しかし僕も、まだ音楽を諦める気はなかったので、アポロンというバンドで再出発を図った。ヒデとロザンナや南沙織が所属していた事務所で、GSとはいえ時代の流れに沿ったロックっぽい雰囲気もミックスしたテーストのバンドだった。このころ、のちに最後のGS世代

アポロン

と呼ばれたバンドたち、Ｐ．Ｓ．ヴィーナスやピーターズ、ファニーズ、そしてロック・パイロットなどがまだ頑張っていた。この本を共に書いたマミーこと木村みのるのオリーブも池袋ＡＣＢなどを中心に一緒に頑張っていた。

アポロンもみんなでレコードデビューを目指し1年くらいがんばり続けたかな。レッドツェッペリンやディープパープル、ＣＣＲなど新しいハードなロックを前面に出した選曲をしていた。

ところがいざレコーディングとなると、事務所から持ち込まれた曲が完全な歌謡曲調。

「こんな曲のために、頑張ってきたんじゃない！」

で、解散しちゃった。

今となったら、反省するしかない。売れてもいないのにレコーディング曲を作ってもらって、それで文句言うなんて。曲のタイプがどうあれ、しっかりチャレンジすれば新しい道も開けてきたかもしれないのにね。


このころは、もう大学もほとんど行ってなかった。

アポロンが解散したころ、一度はメンバーチェンジで再生したヘッケルたちの「ニュー・ラヴ」も解散していた。で、最後の悪あがきのようにラヴ（LOVE）とアポロン（APOLLON）とガリバーズ（GULLIVERS）のメンバーの生き残りが合体してLAGってバンドを作った。

新宿のゴーゴーホール「アップル」に1か月くらいハコ（専属）で演奏していた。

ろうそくが燃え尽きる前に明るく燃えるように、なぜかステージに立っていたその最後のバンドの時間が最高に楽しかったのを覚えている。

そしてそれを限りに僕らのGSの夏は終わったのだ。

その後のＧＳの仲間たち

ヘッケルは金沢で仕事探しをはじめた。そのうち、ホテルでギターの弾き語りやったり、自分のバーを出して、そこでバンドやったりもした。のちには「Ｔバード」というグループで再デビューした。

僕は東京に残ってトラックの運転手をやったり、芸能界の裏方もやったりした。当時、親に「お前なんかも死んだものと思う」と言われた時は結構ショックだった。大学をやめてＧＳバンドなんて「不良」やったあげく、それも中途半端に終わっちゃったんだから。そう思われて当然だよね。

「不良」と言えば、ＧＳの後期のころにはバンドの方向性を見失ってアブナイ感じのヤツもけっこういた。マリファナなんかがミュージシャンの間で使われるようになったのはロックが主体になってからだろう。『ジーザズ・クライスト＝スーパースター』ってロックミュージカルは、マリファナ・パーティーみたいなシーンが堂々と出てくるし。ヘッケルも一時期、アメリカのロスにいたが、ロックコンサートに行くと客席にマリファナが回ってきたらしい。

まわりはみんなマリファナ臭いし、吸うのに抵抗感はほぼなかったと。ウッドストックあたりから、向こうじゃずっと流行してたんだな。

マリファナの話はともかく、自分たちが、ちょうど日本の音楽シーンの転換時期にいたのは、あとになってよくわかった。音楽的にも混乱とやけくそ的な感じのバンド界だったような。


ひとつのGSの流れに、歌謡曲やムード演歌に近づいていく方向があった。ブルーコメッツの『雨の赤坂』とかブルーインパルスの『メランコリー東京』なんて完全にそっち系だった。僕がアポロンで拒否したレコーディング予定曲もその流れのまさにそのものだった。

またその一方で、「そんなのイヤだ」とガリガリのロックに向かっていく連中もいた。テクニックがあって、知識も豊かで、いかにもアーティストっていうのが多かった。ただ、一般ウケしなくて、売れない。だからレコード会社も力を入れない。それでどんどん埋もれてく。悪循環だった。でも、その中から、70年代、80年代の音楽界をリードするGS出身者もたくさん出てきているわけだから「過去の遺物」ともいえないだろう。

GSは、作られたブームという背景もあり、本人たちにあまり強いこだわりがなかった。しかしその通過点があったからこそ、そのあとに新しい感性を持ったグループやアーティストが生まれてきたと思う。「はっぴいえんど」は日本語で初めてロックをやったグループ。音に対するこだわりは強い。ほかにも、音は単純だけど詞が奥深いフォークや、自分の意志や感動を素直に聴く人に訴えかける「ニューミュージック」と言われた人たちも出て来た。

GSのDNAはガロやアルフィー、ユーミンや甲斐バンドなど、確実に多くのビッグ・アーティストたちに引き継がれていったと思う。ただ本人たちが認めるかどうかは疑問だけどね。

GSが、ビートルズをはじめとした欧米のバンドの猿真似、といわれたらそうなのかもしれない。しかし、みんな日本のロックシーンが成長するために通り過ぎなきゃいけなかった一過程だったのは、事実なんだな。

ただ、そんな中でも、たとえば僕の好きだったゴールデンカップスをはじめ、一部のGSバンドにも、「作られたモノ」とは真逆な活動を一貫してやってきていたグループがたくさんいたことだけは伝えておきたい。

中でもカップスは、

「オレたちはテレビやヒット曲よりナマのステージ」

っていうのを、ずっと実践していた。スゴいことだ。

僕のGSとしてのバンド活動の歴史は1968年の春に始まり、1971年にLAGで終えるまで、たった3年半ほどのことに過ぎない。でもその中でもラヴで過ごした1年半は、何にも代えがたく、密度の濃い、一生記憶に残る時間だったと思う。

GS時代から30年以上が過ぎ50代になった時、復活ライブをやって、よくわかった。好きなことができる、って素晴らしいことだと。

今も年間何回かライブをやるけど、自分のオリジナルややりたい曲をステージで自由にみんなに聴いてもらえる、伝えられる。だから今は楽しくて仕方ない。

GSが僕に残してくれたもの

ザ・ラヴがGSとして「作られたアイドル」だったころ、「きびしい練習」に明け暮れてたころ、「たくさんのファン」に追いかけられていたころ、「行き先を迷っていた」ころ、今となっては誰でもが簡単には経験できることのない、楽しくて、かけがえのない最高の時間だったと思う。

実は、芸能界での活動をやめてから30年近く、周りの友達には自分がＧＳをやってたことを隠していた。

最後まで突っ走れなかった、というのもあって、僕はずっと「ＧＳ出身」ってことには屈折した思いがあった。どこかで、自分は「シンプルなロックバンド」を目指していたのに、あるいはやっていたつもり、という見栄みたいなものもあったのかもしれない。世の中のイメージも、「ＧＳはまがい物」「作られたアイドル」「不良の遊び」だったから。

確かに、自分も含めその通りでもあった。全体のうちの８〜９割は「作られたモノ」だった。プロダクションやレコード会社が中心になって、テレビや雑誌でバンバン宣伝して、それでシステマチックにアイドルを作り出す。流行遅れになったら、ポイと捨てられる。やってる側も、動機が不純な連中が多かった。ただ女のコにモテたいだけで、ギターの練習も後回し、みたいな。

そんな理由もあってか、ＧＳであったことがイヤだったんだと思う、曖昧な目的で未練がましくバンドを続けてる連中といっしょくたにされるのが。ザ・ラヴが、レコード出したのが1枚だけで、そんなに有名にもならずに、自ら中途半端に終わらせたのもあるかもしれない。人前で歌うことをあえて避けていた時期が長く続いた。

何度も転職したり離婚も経験したし最低な時代もあった。その後、人並みに歳を重ね家族も増え、好きな仕事のための会社も作り、なんだかんだで30年以上になる。そして、ようやく人並みの余裕が持てるようになった今、「あの時代があったから、今、オレがここに生きてる」と思えるようになってきた。

当時の音楽仲間たちのがんばっている姿を客観的に見守ることができるようにもなった。そして、音楽を続けているみんなのことをうらやましく、そして尊敬できるようにも変わってきていた。

そんな気持ちが今も続けているライブ活動のきっかけになっているのかもしれない。

みんなで夢の続きを……

最近、ヘッケルの協力で元ツイストの鮫島秀樹やハウンドドッグの西山毅をメンバーに加え、『ワンスアゲイン～夢の続きを～』(髙宮雄次&LOVE-Junks・クラウン徳間)というア

CD『夢の続きを』ジャケット

ルバムを作った。20代のころのカタチにしたかった作品に、新たに作ったオリジナルを加えた全8曲のCDアルバムだ。そうそう、あの幻の『心に秘めたこの愛を』も入ってる。

そのアルバムのメインの曲が『夢の続きを』。

仕事だったり、音楽だったり、スポーツだったり、趣味だったり、人それぞれに若いころ夢中に、そして無心で追い続けていた夢があったはず。その「夢」を今思い出してもう少し頑張ってみようよ、とみんなに歌いかける歌詞なんだけど。

まさに僕にとってのそれは、50年前に追いかけていた「夢」……ザ・ラヴ。

「GS第三世代」としてはかなく消えていった「グループ・サウンズ」のことなんだ。

ユウジの仲間は語る

田島康史
（ザ・ラヴのヘッケル）

正直、ザ・ラヴがアイドル系GSとしてデビューするのは気は進みませんでした。個人としては、やりたいことをやりたかった。もっとロックっぽいものやR&Bとかね。でも、とりあえずプロデビューするためには仕方なかったです。リーダーの藤田さんも明らかにアイドル狙いでした。

デビュー曲にしても、本当はB面になった『ワンス・アゲイン』の方がメンバーは気に入っていたんです。ただ『イカルスの星』の方が越路吹雪さんとの競作で話題性もあったし、売るために事務所側がこちらを選ぶのは当然でした。

僕らは「自己主張」するバンドではなかった。内心は、

「アイドルの皮はかぶってても、中身は違うよ」

と言いたかった。

もっとも、憧れの『ウエスタンカーニバル』に出演できたのはザ・ラヴとしてデビューしたおかげですから、やめたいとはまったく思わなかったです。

ウエスタンカーニバルでは、ヤンガーズやリリーズ、フィンガーズなどと一緒で新人コーナーに出演しましたが、テクニック的にはフィンガーズがずば抜けてましたね。

とても音楽性では勝てないと、藤田さんのアイデアで、ステージ上で馬跳びやったんです。

終演後、ブル・コメのジャッキー（吉川）さんから、ボーヤを通して呼び出しが来ました。もう「雲の上の人」ですから、なんか失礼でもあったのかなとビビりつつ楽屋にうかがったら、「ドラム教えてやるから、オレのところに通って来い」って。

ありがたかったですね。週一回の割で半年くらい、みっちり教えてくれた。もちろん授業料もなし。事務所が一緒ってわけでもないのに、そこまで面倒見てくれるなんて。

ただ、ミスするとスティックで手首叩かれたり、おっかなくて、厳しかった。

ユウジ（左）とヘッケル

高宮がザ・ラヴをやめた時は、困るけど、しょうがねぇな、って気持ちでした。高校からの付き合いで、彼が人の言うことは聞かない、自分の思った通りに動くタイプだって知ってましたから。それに藤田さんとギクシャクしてたのも、ずっと横で見ていたわけで。

結局彼は、アイドルじゃなく、自分のやりたい、もっとロックっぽい音楽を突き進みたくてアポロンを作った。当時、そういう出入りは珍しくなかった。

で、残された僕らとしては新しいヴォーカルとしてミック・ジャガーに似てるって言われてた山本（修三）を入れました。と同時にアイドル色は薄くなってロック系にシフトしていきましたね。

メンバーの入れ替わりも多くなり、藤田さんが

「これ以上やってもしょうがない」と解散を決めたのが70年です。それから僕は高宮たちとまた「LAG」ってバンドを組んで、1カ月だけ、ゴーゴーホール「新宿アップル」に出て、故郷・富山に帰りました。

音楽活動の拠点は金沢でした。Tバードというロックバンドでしばらく活動してアルバムも3枚出してます。

81年には、Tバードの残ったメンバーを引き連れて東京にまた出てきました。高宮は完全に音楽の足を洗った状態でしたね。

Tバード時代は、僕はGSのことは一言もまわりに言わなかったです。どうも「元GS」のイメージで見られるのがイヤだった。

ようやくGSやってたことが自分史のひとつ、と割り切れるようになったのは還暦になったころかな。つまり10年前くらい。

知り合いの人の「GSも時代が生んだ文化なんだよ」という言葉に、素直にうなずけるようになったんです。それからライブで、GS時代の曲も抵抗なくやれるようになりました。

chapter 3

いまだ、輝きを忘れず！

GS第三世代のライバルたち

THIRD★GENERATION★GROUP★SOUNDS
GS
グループ・サウンズ

P・S・ヴィーナス

東海大学の仲間たちが中心になって1968年に結成されたバンド。レコードデビューは1969年10月で、オリーブとほぼ一緒。GS最終世代の中でも、特に遅い方だった。

デビュー曲の『青空は泣かない』は、GSっぽさはあまり強くなく、どちらかといえばアイドル系歌謡曲といった雰囲気で、今一歩、メンバーのノリが良かったとは言えない。

結局、出したレコードはこの一枚で、70年には解散。GSブームがほぼ下火になった時のデビューが気の毒だった。

P.S.ヴィーナス

甲斐公志

（サイドギター）　１９４８年熊本県出身

先輩であるガリバーズが、原宿に「我里プロ」というプロダクションを作って、その弟分バンドみたいな形で、僕らも加わったんです。

リーダーはリードギターの松沢豊さん。東海大の学生は僕とベースの木幡、ドラムの八木の三人で、僕が連れてきました。それにあとからヴォーカルの石井さんも入ってきました。

我里プロに入ったら、今度はすぐにナベプロにスカウトされて、そちらに移りました。

いきなり「タイガースの後継バンド」と位置づけされて、荷が重かったですね。実際はタイガースの前座バンドとして、68年からツアーに同行して全国あちこち回らされたんですが。「そりゃ無理でしょ」

と言いたくなるような移動もいくつもありましたよ。たとえば横浜レッドシューズってライブハウスで朝までぶっ続けでやる予定が、もうライブの最中、いきなり、京都行けってなって、真夜中、まず車で羽田まで行かされました。それで朝、飛行機で京都です。

どこも超満員でした。京都会館も、大阪のフェスティバルホールも、大きな会場、みんな女の子であふれてた。

ただ、四国ツアーや東北ツアー、北海道ツアーと回るはずが、教育委員会の反対で中止になる会場が続出してました。青函連絡船に乗るつもりが中止で引き返したり。

タイガースでさえ、「GS＝不良」だったんですね。

沢田（研二）さんなんかは、普段、楽屋で見ると、あんまりパッとしない印象なんです。

ところがステージに上がった途端、ムチャクチャすごいオーラが出る。「とてもじゃないが、これはかなわないな」と痛感しました。

事務所サイドは、当然、タイガースみたいなアイドルとして売ろうとしてました。しかし僕らは、

P.S. ヴィーナス（中央が甲斐）

やりたくなかった。目指すのはハードロックだったんです。68年から69年ていうと、アメリカでもビートルズから主流はハードロックになってた。だから、自然、みんなトンガってました。

ウチのヴォーカルの石井さんなんか、せっかくTBSの『ヤング720』に出てたのに、勝手にカーリーヘアで出て、番組クビになっちゃった。もう、アイドル扱いがたまらなくイヤだったんです。

デビュー曲の『青空は泣かない』も筒美京平・橋本淳コンビの、ほぼ歌謡曲。イヤでしたね。せっかく加藤和彦がブルース作ってくれて、「あればあるほど足りないものはカネと女」みたいなトンガった詞になっていて、まだそっちの方をうたいたかったのに会社は認めてくれなかった。

当時ナベプロでは、僕らと一緒に、ピーターズ、ファニーズというアイドル売りで出そうとしていたバンドがいました。それで69年の終わりから70年くらいになると、3組は「ヤングパワー3」の括りで、よく合同でのステージをやったりしてました。

僕らだってわかりますよ。GSのブームが下降線になって、もはや3組揃えなくちゃ人が集まらなくなっているのは。

正直ツラかったですね。ステージやるたびに観客が減っていくのがわかるから。GSブームって、結局、一瞬の「あだ花」だったのかもしれませんね。

一番輝いていたタイガースですらバラバラになって、沢田さんたちはpYGってロックバンド作ったくらいで、みんな「アイドル」はツラかったんでしょう。

よく出演した会場は、まずは日比谷ツインタワービル地下の「ヤングメイツ」かな。ナベプロのタレントが主に出るところで、日によってはクールファイブと一緒だったりしました。「新宿ニューACB」も多かった。スナーズってフィリピンバンドと対バンしたことがあって、すごいテクニックに圧倒されたの覚えてます。あと、ゴールデンカップスや、柳ジョージがベースやってたパワーハウスなんて、「スゴい!」と感動しました。アイドル売りのグループにはない迫力があったんです。僕らとはテクニックが大人と子供でした。

あとは「池袋ドラム」。とにかく狭くて古いビルにあって、地下で不気味なんですよ。50～60人でほぼ満杯になったんじゃなかったかな。

「船橋ヘルスセンター」の営業では、僕らが遅刻して、タイガースが先に出る、つまり僕らの前座になっちゃったこともありました。

夏には三浦海岸でもライブやりましたね。


解散は自分たちの意志ではなく事務所の方針でした。もうこれ以上は無理、と判断したのでしょう。

木幡は、自分のやりたい音楽をやる、とあちこちからメンバー集めて「ロック・パイロット」っていうバンドを作りました。石井さんはジャガーズに移りました。

僕はしばらく、元オックスの野口ヒデトさんのバックバンドに参加したりして、料理人の世界に転じ、35年前から店をやっています。

今は東京・文京区白山で『イルポスティーノ』というイタリア料理店をやっています。そのかたわら、仲間とアマチュアバンドも続けてます。

ザ・ガリバーズ

第二世代と第三世代とのちょうど境目くらいの時期にデビューしている。

結成そのものは67年で、すでに68年1月には『日劇ウエスタンカーニバル』にも出演。

レコードデビューは68年7月の『赤毛のメリー』だった。

最初の所属事務所は、ブルー・コメッツのいた大橋プロ。大橋プロは、ナベプロとも提携関係にあった「GSの大手」だったが、活動方針の対立もあって、ガリバーズはそこを離れ、自ら「我里プロ」を設立。

だが、デビュー曲に続く2枚目のレコードはついにリリースできないまま解散に至る。

ザ・ガリバーズ

北久保誠

（ベース）　１９５０年東京出身

サイドギターの小柴が一学年上で、あとはみんな同じ学年。まだ高校生だった夏休みに、山形プリンスホテルのビヤガーテンでバイトしていて、バンドやってる小柴たちと知り合ったんです。

ドラムの高橋としおなんて、地元の金持ちの息子で、40万円くらいのグリッチのギター揃えてて、「なんじゃこいつは」と思いましたよ。

そのメンバーでレコードデビューして、69年にはメンバー一新、オレだけ残って「ニューガリバース」やりました。

この「ニュー」の方が、ほぼラヴやオリーブと同時期だったですね。

失神ごっこも、オレはよくやりました。ステージで演奏してるうちに、興奮して気を失っちゃうの。もちろん演技だけど。池袋ACBとか新宿ニューACBで、対バンしてると、どうしてもこっちの方が目立ちたくなって、やっちゃうんです。

小柴なんか、もっとヒドかった。ギター壊しちゃう。とにかく目立ちたかったわけ。まだ大橋プロにいたころに、ブル・コメにくっ付いて『ウエスタンカーニバル』も出たんだけど、そこでまずやっちゃった。ナベプロの社長が新人探しに見に来た時なんかも、やっちゃう。

対バンの相手が売れてるバンドだったりしたら、ますます燃えてくる。当時、ジャズ喫茶にフォーリーブスなんかも出てたわけ。当然、熱狂的な女の子たちで一杯。すると、

「ガキが入ってるから、おどかしてやるぜ」

なんていって小柴、ギター壊すの。

だんだんそれが売りになって、10台くらいは壊してるかな。

ザ・ガリバーズ（左端が北久保）

激しさが売りのバンドだったんで、対バンの相手もゴールデンカップスをはじめとして、アウトロー系のバンドが多かったと思う。

やはりGSのピークは68年1月の『ウエスタンカーニバル』だったかな。ジュリーの『君だけに愛を』で、ファンがどんどん倒れてたから。ブルコメの後継者、って感じで、オレたちも恵まれてました。テレビのレギュラーあったし、まわりからも、「ガリバーズは下積みがない」って羨ましがられた。

内田裕也さんたちと地方公演行ったときには、

「なんでお前ら、こんないい楽器もってんだ」

ってビックリされて。もうアンプからギターから衣装から全部イギリスから取り寄せで、もちろん金持ち・高橋のおカネ。

大橋プロから出たのは、正直、金銭トラヴルです。それで「我里プロ」を作って、メンバーもチェンジして再出発したんです。

デビュー曲の『赤毛のメリー』は、もう完全にアイドル系GS曲でしょ。そうじゃなくってハードロックやりたかった。

でも、もうGSは時代とズレはじめてたんですね。

69年ていうと、どんどんあっちこっちのバンドがイメージチェンジを模索していた時期でした。もうアイドル系GSは下火になり始めていて、どこに行ってもお客さんが減っていくのを肌で感じる。

どうにかしなきゃいけないって、それまでストーンズとかリバプールサウンドのコピーやってた連中も、レッドツェッペリンとかCCRとかに行くようになってた。ハードロック系にいくか、あとはR&Bね。

オレらも、最後は西麻布に借りてたマンションの家賃も払えなくなって、解散。

それからダニー飯田さんのバントに加わったり、六本木で店やったりもしましたが、結局、実家の靴屋を継いじゃった。

しばらくは人にも「昔、バンドやってた」とも言わなかったけど、２００７年だったかな、急にベース弾きたくなって買いに行ったら、意外とやれる。それでムラムラやる気出て、ガリバーズ再結成につながったわけ。

やっぱり忘れらないんですよ、あのころが。

ただ小柴も高橋も、キーボードやってた平田も死んじゃった。メンバー６人中３人て、年の割には早い。若いころ、みんな無理してたから。

ザ・ブルーインパルス

もともとはダックスというバンドだったのが、ジャガーズと同じエコー・プロダクションに移籍。ブルーインパルスと改名して、出来たばかりのＲＣＡレコードの日本人アーティスト第一号として１９６８年10月にデビュー。デビューシングルは『太陽の剣』だった。

長身、イケメンで大人の匂いを感じさせるグループとして人気を博したものの、すでに69年には熱狂的なＧＳブームは去りつつあり、第二弾としてリリースされた『メランコリー東京』は、ＧＳというよりも、ムード歌謡に近いものになっていた。

70年に第三弾『苦しみのロック』を出したものの、ＧＳバンドの解散が相次ぐ中、同年5月には活動を停止した。

ザ・ブルーインパルス

湯村寿明

（リードギター）

鳥取県出身

まだアマチュアでやってたころ、キングレコードのオーディションがあって、それを受けたんです。ただ、そこにはすでにバニーズや4．9．1もいて、見送られちゃった。それで、ガックリきてバンドは解散して新宿で飲んでたら、キングのディレクターに偶然再会して、「もう一度やり直したらいいじゃないか」って激励されました。「よし、やろう！」となってメンバーを集めて作ったのがダックス。ダニー飯田さんのところで活動していたら、エコー・プロの人から「ウチでやってみないか」と誘われました。エコーにはジャガーズもいたし、どうせならそっちでやりたいとなって、ダニーさんの承諾も得て移籍したんです。

なんといっても、ＲＣＡレーベルの日本人第一号でしたから、宣伝も力を入れてくれました。おかげでデビュー曲の『太陽の剣』は、そこそこ売れた。一緒にＲＣＡからデビューしたのはアメリカのリードっていうバンドと和田アキ子。

しかし、もうそのころはＧＳブームも引き潮に入っていて、ＲＣＡでも、僕らの次にデビューしたクールファイブの方が大当たりしちゃった。会社も、もう時代はＧＳよりムード歌謡、ってなっちゃったんでしょうね。

第二弾を吹き込む時、作詞・なかにし礼さん、作曲・村井邦彦さんの両巨頭も見守る中で、レコーディングのスタジオで、いきなりメンバー一人一人が順番にうたわされるわけですよ。何なんだろうな、と思ったら、要するに誰が一番ムード歌謡にフィットした声なのかをチェックしてたんです。で、もらった曲が、ガチガチのムード歌謡の『メランコリー東京』。すでにブルー・コメッツも『雨の赤坂』なんて、もろ、そっち系の曲を出していたし、商業的にはやむを得なかったのかもしれない。

僕は抵抗なかった。

ザ・ブルーインパルス『メランコリー東京』（湯村は右側中央）

でも、他のメンバーはいやがってました。ローリングストーンズでいきたいんですから。

結局、『メランコリー東京』は、声の質が合うってことで、僕がヴォーカルやりました。

それもあって、メンバー同士の意見も分かれて、自己消滅みたいな形で解散です。大阪万博のステージが入ってたので、それまでは続けようと。明治製菓が主催したミュージシャン全体の人気投票で選ばれて、万博のステージに立てることになってたんです。

シンドくはなかったですよ。一番多い時で月45本の仕事したけど、疲れたよりも、楽しかったしかない。銀座ACBなんて月に15本出たこともある。新宿ACBにもよく出さしてもらった。ジャズ喫茶に昼夜と出て、クタクタになっても、好きな音楽がやれて、お客さんに喜んでもらえて、幸せでした。

『メランコリー東京』で路線変更をいわれた時も、会社の方針なら、受け入れるしかしょうがないじゃないか、と僕は割り切っていた。

同世代のライバルって、あまり意識してなかった。意識するとしたら、同じ事務所の先輩のジャガーズ。ライバルよりも目標でした。

一緒に地方回りもしたし、同じステージにもよく立ったし。僕が最初にブルーインパルスで使ったギターは、ジャガーズの沖津さんから貸していただいたオレンジ色のグレッチだったんですよ。

ブルーインパルス解散後は、しばらくはまったく音楽関係とは関わっていませんでした。

喫茶店をはじめとした飲食店を経営してました。

20年くらい前ですか、たまたま昔の僕を知っている人がいて、「おやじバンドで、ギターさがしてるところがあるから、どう?」って誘われたんです。

月一回、アマチュアバンドでやるようになって、昔の記憶が甦ったころに、かつてのGSが集まるイベントに誘われました。そこで会ったのがラヴの高宮さんやガリバーズの北久保さん。「組んでやってみようよ」と出来たのがレジェンズです。

今は、音楽をやれる楽しさを再確認しているところです。

ザ・フェニックス

１９６８年１月に『恋するラ・ラ・ラ』でレコードデビューなので、世代的には「第二世代」に属するが、途中、メンバーチェンジがあり、新メンバーは69年から参加。

「エレキの神様」といわれた寺内タケシ率いる寺内企画に所属しており、ワウペダルを使ったギター演奏が注目されるなど、音楽性が高く評価されていた。

ジャズ喫茶などでは売れっ子だったものの、2枚目のレコード『グッドバイ・ベイビー』もヒットには結びつかず、70年、事務所との契約が切れたのを機に解散。

ザ・フェニックス

佐々木秀実

（ベース＆ヴォーカル）　１９４９年横浜出身

元々は地元のアマバンドで活動していまして、僕がフェニックスに参加したのは69年になってからです。キーボードの山田光治が同級生で、メンバーチェンジの時に誘われました。フェニックスはアイドルというよりも実力志向で、僕が選ばれたのも「Ｒ＆Ｂがうたえるから」だったらしいです。

入ってからは、ジャズ喫茶がとにかく多かった。最高で一カ月50本以上！　横浜プリンスから新宿ＡＣＢ、ラセーヌ、それにゴーゴーホールの新宿ＰＯＰとか、走り回ってました。フェニックスも含めて、どこもジャズ喫茶ではオリジナル曲はほぼやりませんでした。シングル売り出しの時に、ちょこっとステージの最後に入れるくらい。

オリジナルっていっても、レコード出してる曲は、基本的にレコード会社や事務所からの「お仕着せ」じゃないですか。

だから僕らもブルースっぽいものとか、ソウル系とか、もっとマイナーでも、自分たちがやりたい曲をやってました。

ビートルズやローリングストーンズでも、みんなが知ってるようなポピュラーなものはやらなかったですね。つまりは、いきがってた。


69年はまだGSブームがしぼんでいる実感はなかったです。

現に、仕事はむちゃくちゃありましたから。遊園地でのステージは多かったし、デパートの屋上や催事場もたくさんありました。後楽園のスケート場や、夏の海水浴場のイベントにも呼ばれてました。

70年にはいったあたりから、明らかに減っていきましたね。

日本の音楽シーンの中心が、フォークとかに行っちゃった。それとGSグループ側もどんどんロックやR&Bなんかに傾いていって、幅広いファンじゃなくて、自分の思いをわかってくれる狭いファン層をターゲットにするようになっちゃった。
マイナーがメジャーになり、メジャーがマイナーになった、ってことかな。井上陽水やＲＣサクセションみたいな、ＧＳ全盛期なら目立たなかったミュージシャンも、次々と世に出てきましたから。

それで僕らも限界感じて、事務所との契約が切れたタイミングで解散したんです。僕はそのあと一年ほど桜井五郎＆ボーイズっていうバンドで活動しましたが、ＧＳはもう潮が引いてました。

ザ・フェニックス（左から２人目が佐々木）

ライバル意識があったっていったら、Ｒ＆Ｂの基盤があるズーニーブーとか、先輩だけどモップスやダイナマイツ、ハーフブリードなんかも気にはなっていました。

思い出深い場所といったら、横浜の福富町にあったゴーゴーホール「横浜ムゲン」かな。赤坂にも「ムゲン」があって、それになぞらえて、確か69年に出来た店です。大人っぽい雰囲気というか、いかにもマリファナの匂いがしてきそうな退廃的なムードで、100人くらいは入るくらい、そこそこの広さはありました。

元町にゴーゴーホール「アストロ」が出来たのも69年でした。専属バンドがフィリピンやイギリスや、外国のバンドで1カ月契約で出てました。日本とは思えない異国的な雰囲気が売りだったです。

僕自身が横浜生まれなんで、どうしても地元の店の印象が強いな。ただ横浜のジャズ喫茶では、出たのは「横浜プリンス」くらいですね。

今になって残念だったのは、もっとメジャーになっておけばよかったたってことかな。結局、音楽は聞き手があって成立するわけだけど、お客さんの好みに合わせるのが、若いころは「媚びを売る」ことだと思い込んでました。

もっともっとオリジナル曲を世間に露出しないといけなかったのに、当時は僕も含めてバンドのメンバーはみんなやりたがらなかった。

勝手に決めつけていたんですね。バンドやるのに、「音楽やりたい」って人間と、「ただスターになりたい」って人間がいて、自分は前者だ、だからチャラチャラしたことはしたくないんだ、って。

そのために、ＧＳブームが終わった後も、僕はＧＳやってたのは、あえて言わなかったですね。音楽シーンの中では、「ＧＳ」っていうと、「あ、スターになりたかったのね」ってバカにされる傾向があったし。

ようやくここ10年くらいでしょうか。

「やっぱりＧＳって楽しいよね」

と素直に言えるようになった。と同時に、ヒット曲もってたら、もっと楽しいだろうな、とも思えるようになった。

今、ぼくが経営している横浜・戸部のレストラン＆バー「ＢＬＵＥ ＪＡＹ」でも、元ＧＳの仲間に演奏してもらったりもするし、知り合いと「ＧＳトベンチャーズ」ってバンド組んで二か月に一回ライブもやってます。

やってると、本当に楽しいんですよ。

アルファード

ザ・タイガース全盛期に、タイガースのバンドボーイをしていた平本佳紀と、サリーこと岸部おさみ（現・岸部一徳）の叔母が経営していた喫茶店「のっぽ」で出逢った若者たちを中心に結成される。

1970年には、タイガースの新宿ニューACBでの最終公演に一曲だけ特別参加。タイガースメンバーが作詞作曲した『涙の想い出』でデビューする予定だったが、残念ながら未発売（自主制作盤あり）。73年発売の映画主題歌『ひとりゆくさすらい旅』が唯一のレコードリリースとなったが、同年3月に解散。

アルファード

丸山芳春

（ヴォーカル）

１９４８年長野県出身

新宿二丁目で、サリー（タイガースの岸部おさみ）の叔母さんがやってた「のっぽ」っていうお店で、僕、アルバイトしてたんです。当然サリーさんも来るし、ジュリーの付き人だった平本佳紀（よしのり）とも仲良くなって、そこからメンバーが集まって結成しました。

最初の仕事は１９７０年５月、銀座のビアガーデンがスタートでした。

タイガースと一緒に出られたのは忘れもしない、70年の12月20日です。タイガース自体の解散コンサートは71年1月24日の日本武道館なんですが、その日は新宿ニューＡＣＢのラストステージだったんです。

僕らは、ちょうど同じアシベ会館の3階にあったゴーゴーACBに出演していて、佳紀は、なんとかその日、出してもらえるように、ずっとお願いしてたみたいです。

彼がタイガースのバンドボーイをやっていた関係もあるし、デビュー曲にするつもりだった『涙の想い出』も、作詞がサリーさんで、作曲がタローさん（森本太郎）でしたから。サリーさんとタローさんも、休憩時間に5階のニューACBから降りてきて、僕らの演奏を聞いて「あぁ、これならステージに上げられるな」と、メンバーに相談してくれたみたいです。

こうしてタイガースのメンバーにお願いしてOKもらえたんですが、佳紀から「これからニューACBに行って演奏するぞ」と言われて、僕や他のメンバーはまさに初耳ですよ。まだデビューもしてないバンドが、「GSのトップスター」タイガースのステージに出られるなんてね。本当に急な話で驚きました。

会場はもちろん超満員。ジュリーさんがわざわざ僕らを紹介してくれて、『涙の想い出』1曲を演奏しました。もう、緊張で、その時の記憶はほぼ飛んでます。

僕らはGS路線であることに迷いはなかったですね。ハードロックに行こうとか、R&B

アルファード時代の丸山

に行こうとか考えなかった。

「のっぽ」でバイトしていたころから、新宿ＡＣＢにタイガースが出演してたりすると、サリーさんのお姉さんたちと一緒に、楽屋に出入りさせてもらったりしてました。

目の前にいたタイガースのオーラにただただ圧倒されて、あんなふうになりたいと憧れていましたね。

僕らは「遅すぎたかな」とは感じましたよ。ジャズ喫茶はどんどんなくなっていくし、ニューＡＣＢでさえ、たぶん72年には閉鎖されてます。バンドも減っていて、出る人間がいなくなっちゃってたし、お客さんも来なくなっていた。残ったバンドでＧＳっぽさを残してたのは、オリーブやロック・パイロットくらいで、あとはもうニューロックやR&Bの方に向かってました。

アルファードはというと、ヴォーカルの僕の声は軽くて、そっちには向かない。しかもGSがやりたくて集まったメンバーなんで、変える気もなかったですね。

ようやく72年になって、映画『混血児リカ　ひとりゆくさすらい旅』の主題歌を、主演の青木リカさんとうたうことになって、それが翌年、レコード化もされました。

しかし、もう映画もレコードも、あまり大勢には影響なかったです。プロダクションには入ってなかったんで、メンバーの話し合いでやめようかと、解散を決めました。

1973年3月、大宮での演奏が最後になりました。

しばらく弾き語りとかをやった後に、僕は音楽活動とは離れて、都内の某区役所に就職したんです。メンバーのうち、ベース・ギターだった佐藤道夫（グー）は家業の広告会社に戻り、佳紀は岡山でラーメン屋をはじめました。2代目ドラマーのケントは、今でもドラム叩きながらヴォーカルもやってますが、いいヴォーカリストになりましたよ。

2007年になって、残ったオリジナルメンバーで、35年ぶりに銀座タクトでライブを開きました。感激だったのは、その時、タイガースのタローさんに、ゲストとして出演していただいたこと。もちろん『涙の想い出』もやりましたよ。

その後、『ＧＳアイ・ラヴ・ユー』という本に、僕のインタビュー記事も載ったし、２０１７年にリリースされたタローさんのアルバム『Taro Morimoto Song Collectio「青い鳥」』に、僕らの曲も2曲入っています。

当時レコード化もされなかった曲が、45年の歳月を経てＣＤとして発売されるなんて、夢にも思いませんでした。

最近になって、急に周囲が賑やかになって来た感じはありますね。５人いたオリジナルメンバーのうちの２人が亡くなってしまったのは、とても残念だけど……。

僕らはずっとＧＳを目指して活動していたし、それが誇りでもあります。だから、「ＧＳやってたなんて、音楽よりも、女の子にキャアキャアいわれたかったんじゃないの？」と言われても、別に気にしません。その過去を隠したりもしない。

目の前にいたタイガースに少しでも近づきたい、その一心だったし、音楽が好きだったんです。

ザ・バロネッツ

山野楽器のプロデュースによって1967年に結成された異色のGSバンド。

レコードデビューは、68年9月の『サロマの秘密』。出来たばかりのCBSソニーレコードの第一号として華々しいスタートを切った。

日本テレビ『爆笑ヤングポップス』TBS『ヤング720』などに出演したのをはじめ、多忙な日々をおくるも、レコードの売り上げはなかなか伸びず。69年に出した第3弾『白夜のカリーナ』は、別の曲のB面扱いだった。

72年8月に解散。

ザ・バロネッツ

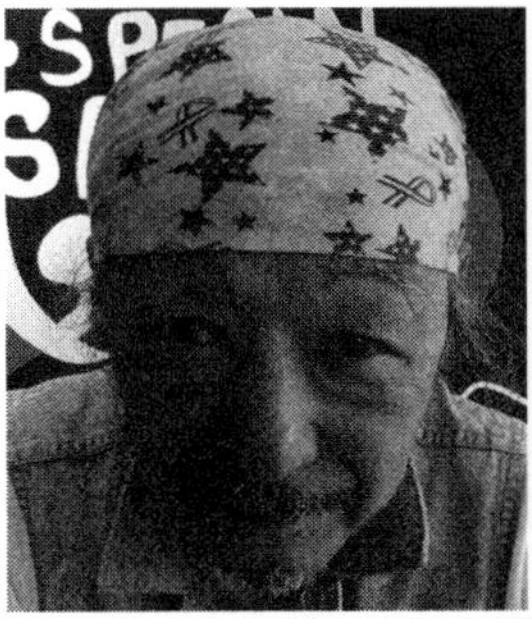

和泉のりあき（現・Ｂｏｎ泉水）

（サイドギター）　１９４7年東京出身

山野楽器の2代目会長が、ミュージカルのプロデュースとか始めて、バンドのプロデュースも手掛けたい、と考えたわけ。

で、あとでバロネッツのリーダーになった志摩（一弘）さんが中心になってメンバー集めをして、前から志摩さんとは知り合いだったオレにも声がかかった。

まさしくナベプロの全盛時代。でも、なぜかナベプロ一押しだったアウト・キャストがもう一つブレイクせず、その流れを引き継いで、思い切りプッシュしたアダムスも今一歩で、そこまで期待してなかったタイガースが大ブレイクって状態だった。

テレビの歌番組に出るにもナベプロに認められなきゃしょうがない。バロネッツも、当時人気番組だった『ザ・ヒットパレード』に出たいってナベプロの人に頼んだら、

「ウチの所属かベスト10に入るくらいのヒット曲がなきゃダメ」

あっさり断られちゃった。


忙しいことは、とにかく忙しかった。かったるいくらい。ジャズ喫茶の仕事は入りまくってたし、月2本、米軍キャンプの仕事もやってた。

CBSソニーが出来て、最初のアーティストだったし、会社が力入れてた。このソニー一期のスタッフって、もともとソノシート作ってた朝日ソノラマから来たメンバーで、まず実績残さなきゃいけないから、みんなやる気になってた。

あとでソニーの社長にもなった大賀（典雄）さんがトップでいて、

「看板を背負ってるのを自覚しなさい」

なんてアドバイスされたりもした。

テレビにもよく出たし、楽屋でショーケンとも「タバコ一本頂戴」「いいよ」なんて、仲良くやってた。

ザ・バロネッツの『サロマの秘密』。和泉は右から２人目

全国にレコードのキャンペーンにも行ってたし、ラジオや雑誌の仕事もあって、メンバー、不満たまってた。何でオレたちだけ、こんなに働かされて月給制なんだろうって。事務所のスタッフなんて、電話一本でスイスイ仕事とって、あんなに楽な仕事はないじゃないか、と勝手に思っちゃってた。

要するに、わかってなかったんだ、スタッフの苦労が。それがわかりかけたころには、下り坂が来た。

71年くらいには、もう明らかに

地方に行く回数は減ってた。新宿ACBなんて名門ジャズ喫茶でも、平日昼はガラガラ。レコードを1枚か2枚出しただけで解散しちゃうバンドも次から次へと出現して、プログラムも寂しくなってく。

GS厳しいな、と強く感じたのが「ランクダウン現象」。たとえばGSトップのスパイダースやブル・コメが、それまで出なかったジャズ喫茶に出るようになる。そうすると、次のランクの、今までジャズ喫茶の土日に出てたバンドが平日に回される。するとその下はジャズ喫茶より下の、アマチュアが出てたライブに出るようになる。

そんな具合で、もうプロとアマの垣根が崩れて行ってた。

一方で、事務所側の規制も、少しずつ緩くなっていった。はじめの頃は、「イヤならやめろ」って高圧的で、ジャズ喫茶でもオリジナル曲は必ずうたわされたのに、そのうちに、あんまり干渉しなくなった。

それでこっちも、テン・イヤーズ・アフターとかゲーリー・ムーアとか、ブルースやハードロック系の曲をやったりしてた。一応、アタマで一曲だけ『サロマの秘密』も入れたりしたけどね。

解散は、もう時の流れ。仕事も減って、続かなかった。

バンドメンバーは、みんな、バラバラになったあとも、布施明のバックミュージシャンになったり、別のバンドに行ったり、音楽業界に残ってる。

オレは、営業ステージ用の曲の編曲やったり、コマーシャルソング作ったり、赤坂や六本木の店で弾き語りやったりもした。『昭和枯れすすき』のさくらと一郎のバックミュージシャンやったこともある。

ただ、音楽に関する「なんでも屋」といわれると違う。アマチュアなら、好き勝手にいろいろやってりゃいいが、プロは専門がなきゃいけない。オレはブルースだった。

今はまたBON'sってブルースバンド組んで、ライブ活動もしてる。

まあ、バロネッツやめてしばらく「ＧＳにいた」とは言わなかった。昔は音楽の仕事してれば、必ず聞かれたのよ。「前どこ？」って。こう答えてた。

「前なんかどーでもいいじゃん」

悪いっていうか、軽いイメージがあったんだな、ＧＳには。テキトーに音楽と接してた、みたいな。

今になってみて、好きでやってきたんだし、楽しかったのは事実なんだから、ＧＳを否定するのはおかしい、と考え直すようになってきてる。
音楽業界に残ってる元GSって、そういう人が多いんじゃないかな。

chapter —— 4

対バン！マミー＆ユウジ

GS第三世代を大いに語る！

対バン経験あり！

ユウジ　いや、どうもお久しぶり……っていうべきか、7月にマミーたちが池袋でやったライブに、僕も出演させてもらったから、まだそんなにたってないか……。

マミー　あの時はどうも！　いきなり唄ってもらって、ありがとざーす！

ユウジ　たぶん、まだGSやってたころって、あんまり対バンはしてないよね。

マミー　そうでしょうね。確か、ラヴはナベプロ系でしょ？

ユウジ　ナベプロそのものじゃないけど、まあ、どっちかっていえばナベプロ系。で、オリーブはホリプロだし。

マミー　そう、だからジャズ喫茶でニアミスはしても、あんまり接点はなかった。でも、『イカルスの星』が売れたのは知ってたし、デビューもオレらよりも、ほんの少し先輩で、「カッコいいな」とは思ってましたよ。

ユウジ　僕らの方は、オリーブは、ホリプロが力入れてたグループっていう意識はあった。それに、最後までGSを貫いたところが、まわりから見ていて、素晴らしいとは感じてたな。

同時代を生きた二人

マミー　そうですか？　そんなに貫いてたっけ？

ユウジ　実はさ、僕はラヴから出た後、アポロンてバンド組んで、池袋ACBでオリーブと対バンしたことあるの？　覚えてない？

マミー　あんまり覚えてないな（笑）。

ユウジ　70年代に入っちゃうと、もうGSっていうより、ニューロックだったでしょ。PYGも結成されて、ナベプロも、ピーターズとファニーズとP．S．ヴィーナスのメンバー集めてロック・パイロット作ったりして。僕らもこの流れに乗らなきゃいけないって、ニューロックのアポロンを作ってみた。ところが、アポロンで池袋ACB出てみたら、オリーブが60年代と同じGSで頑張ってたんだよ（笑）。時流に流されないスタイル！

マミー　まあ、オレらは他のことやりたいとは思ってなかったし（笑）。

ユウジ　ただ、結局は、そのニューロックも飛び越えてユーミンや陽水や、自分で曲を作り上げる時代になっていっちゃった。

マミー　時代から遅れちゃったって気持ちは、少しはあったかな……。

ライバルはヤンガーズ

ユウジ　同じ世代で、一番ライバルだったのはどこ？　ちなみにラヴは同世代のライバルには目もくれず、常に追いつけ追い越せタイガーズだったけどね。（笑）！

マミー　そりゃヤンガーズ。デビューは向こうのが早かったけど、よく対バンしたから。また、ファン同士の闘いがスゴかった（笑）！　応援合戦になっちゃう。まず、前の方の、いい席の確保でケンカが起きるでしょ。それで、30分ごとに出番が交替すると、ヤンガーズのファンはヤンガーズの出番では紙テープ投げまくりなのに、オリーブの出番ではシ

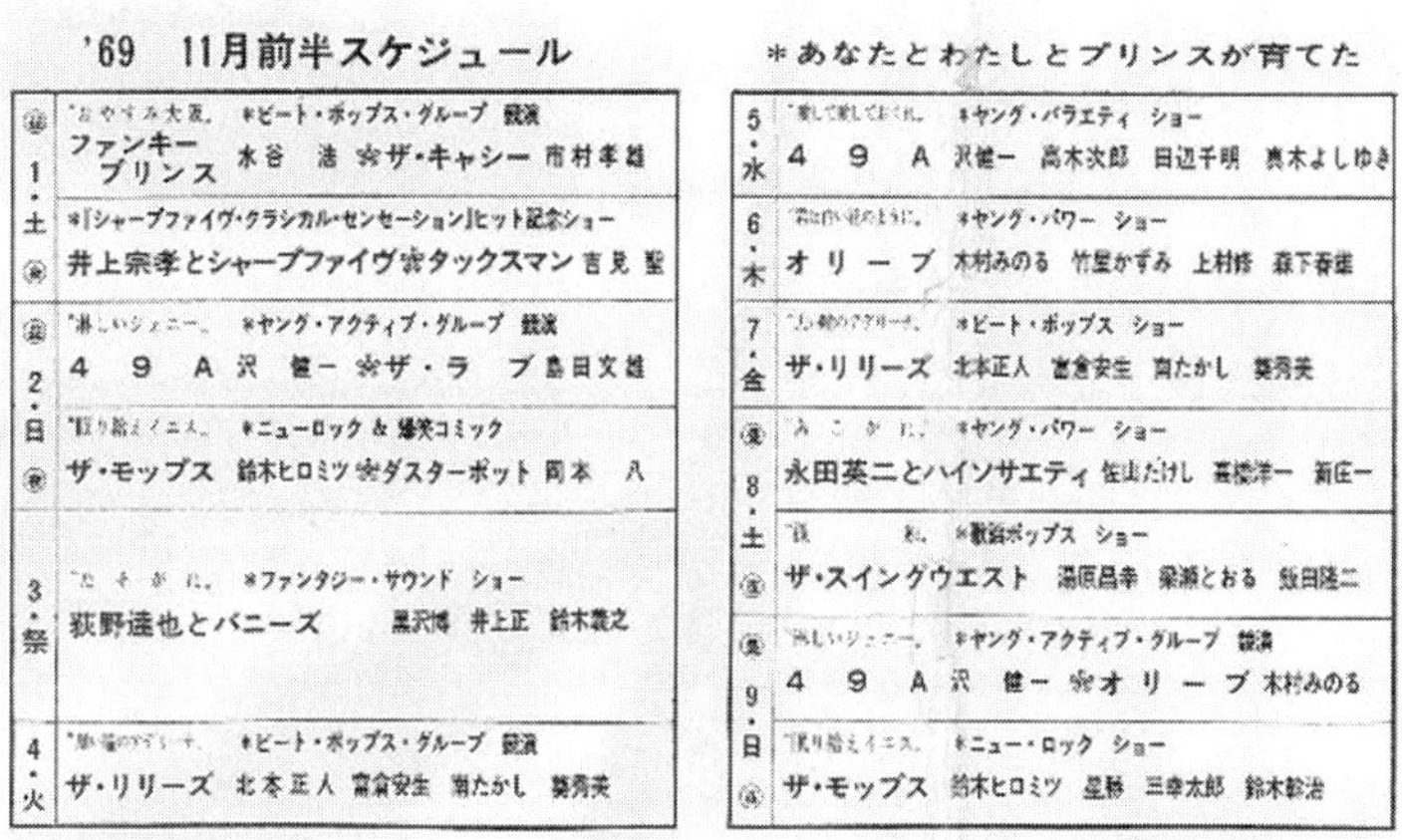

オリーブとラヴがともに載るジャズ喫茶のパンフ

ラけてステージ無視したりする。わざと敵側のステージでは外に出ちゃったりもする。それに煽られて、お互い「負けてたまるか！」。

ユウジ　ラヴも、ヤンガーズとは、よくラセーヌで対バンした。

マミー　ヤンガーズは、そもそもラセーヌが呼びかけてメンバー集めたバンドだったから、けっこう出てましたよね。

ユウジ　レコード会社も一緒で、69年正月にラヴがウエスタンカーニバル出た時も、一緒に出てる。パンフを見ると、並んで写ってるから。しかもヴォーカルが中心のアイドル系グループでファン層のメインが中高生の女の子っていうのも同じ。だから、やはりライバル意識はちょっとは持ってた。

マミー　じゃ、楽屋でケンカしたり？

ユウジ　しない。ラヴは優等生売りだったんで、野蛮なことは絶対しない。事務所からは「他のバンドとは口もきくな」とも言われてたし（笑）。

マミー　ケンカっていったら、オリーブは銀座ACBで、ブルーインパルスと思いっきりやらかしちゃった！　向こうが楽屋でオレの悪口言ったらしくて、それ聞いたウチのカズミがアタマにきて取っ組み合いのケンカ始めちゃった！　どっちも露骨にライバル意識丸出しで、楽屋では口もきかなかったし。

ユウジ　ブルーインパルスは、ルックスが揃ってたよね。

マミー　背も高くて、みんなカッコよかった！

ユウジ　「お子様向け」じゃない、ちょっとニヒルな、大人向けのカッコ良さだった。デビュー曲の『太陽の剣』は、しっかり振り付けもついてて、明らかにジュリーのイメージでキメてた。「あなた！」って歌詞のところで観客の方に指刺すのなんて、ほぼパクり（笑）！

マミー　ミリタリーのユニフォームもキマってた！

ユウジ　それが、いきなり2枚目のレコードで、ほとんどムード歌謡の『メランコリー東京』はショックだった。もう、こうしないとGSは売れないのか、と……（笑）。

マミー　ジュリーに似てるっていったら、ファニーズのヴォーカルのケントもそうだったし、P．S．ヴィーナスも「タイガースの後継バンド」っていわれてて、いろんなところからアイドル系のルックスを集めて作ってた。

ユウジ　P．S．ヴィーナスはラヴとは関係が深いバンドなの。メンバーの甲斐は、ウチのヘッケル（田島）と大学同期で、僕がラヴをやめた後に移ってきてる。だから他のバンドとはほとんど口きかなかったのに、P．S．とだけはよく話した（笑）。事務所やレコード会社はアイドル売りで行きたかったのに、本人たちはレッドツェッペリンとかハードロックにハマってて、パンタロンに長髪で、出来るだけロックバンドに見せたがってたね。

マミー　結局、ロックに行きたくてロック・パイロットになったわけだ。あそこのキー坊は、昔、リボルバーってバンドにいて、オリーブのカズミと一緒だったんですよ。

いろんなバンドがあったGS第三世代！

ユウジ　70年に入ったくらいになると、ツェッペリンとかに影響された、ハードロック志向のバンドが多くなってくるよね。ほら、スタンドマイク振り回したり。今の永ちゃんみたいに。

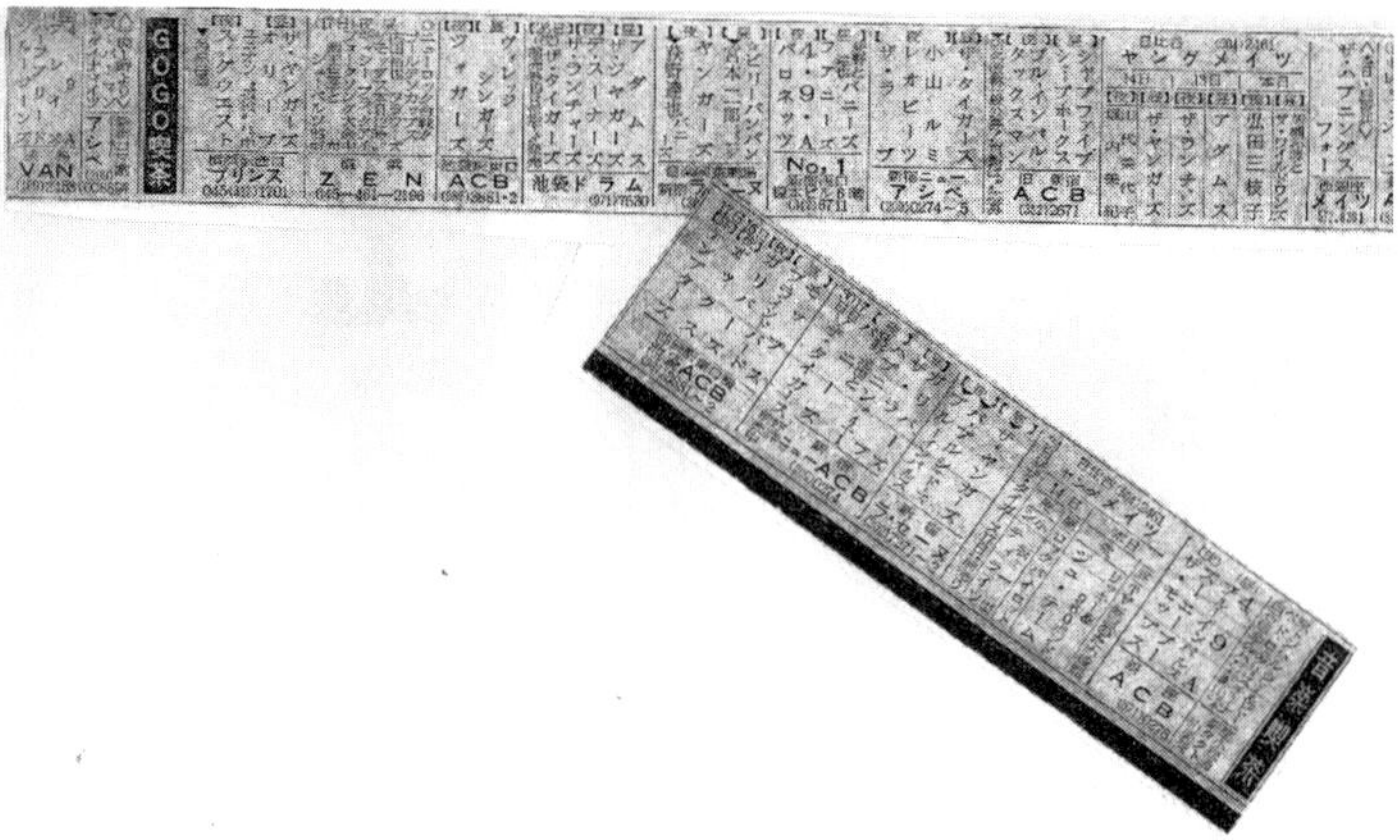

当時のジャズ喫茶の新聞広告

マミー　ギター壊しちゃったり！

ユウジ　ガリバーズ！　当時はまったく交流なし。

マミー　オリーブもあまり接触なかったな。新宿ACBで対バンした記憶はあるけど。

ユウジ　仲良くなるのは解散した後。一緒にロックバンド作ろうか、で声を掛け合ったりする。ガリバースのベースが、アポロンのメンバーに来てくれたりした。

マミー　オレが仙台来てから、ガリバーズの小柴さんと再会して親しくなりましたね。向こうは山形出身だし。

ユウジ　他にムチャクチャなバンドっていったら？

マミー　ボルテージ！　ラセーヌで対バンしたこともあってR&Bを中心にやってたバンドだけど、とにかくやることがムチャクチャ。ギター一本しかないのに、衝動的に客席に投げて、あとでボーヤに「もってきてくれ」なんてやってた（笑）。

ユウジ　同じ事務所でも、バンドが別だとあのころはほとんど交流はなかった。フェニックスからボーイズに移って一緒の事務所になった佐々木秀実さんだって、顔見知り程度で、話した記憶はあんまりない。

マミー　じゃ、秀実さんはオレの方が親しいかもしれない。ライブで何度か顔合わせてる。

ユウジ　あと、ライバルで頭に浮かぶのはリリーズかな。ウエスタンカーニバル、同じ回に出てる。アイドル系でラヴとカブってたし。

マミー　リーダーの秋山さんにはかわいがってもらったの。秋山さんがウチのハー坊（森下春雄）と友達で、よくくっ付いて行って会ってる。スゴい大人で、「人間はこういう生き方をしなきゃいけない」みたいな人生訓を語ってくれた。

ユウジ　タックスマンとかは？

マミー　対バンはしてます。でもそんなに強い印象はない。

ユウジ　アイドルよりもロック志向だったな。

マミー　ロックだけじゃなくて、Ｒ＆Ｂに行くバンドも多かった。バロネッツなんかは、それですね。いかつくて、ちょっと大人のバンド！　オレらとは毛色が違う。

ユウジ　僕らは、ほとんど交流ない。

マミー　一応、オレらよりもさらに後にＧＳやりたくて入ってきたのがアルファード。池袋ＡＣＢの地下にあった「アップル」って店に出てて、ＡＣＢの楽屋にも訪ねてきてた。アストロジェットも後輩かな。

ユウジ　後輩っていうと、松崎しげるがいたミルクは、ラヴの弟バンド。夏は「アイスミルク」、冬は「ホットミルク」って名乗ってて（笑）。確かナベプロで、松崎がラヴのリーダーだった藤田さんの後輩だったはず。松崎は歌うまくて歌がほんとに好きだった、たとえＧＳブームが終わってもシツコくやり続ける根性があった。

池袋ＡＣＢと新宿ニューＡＣＢ

マミー　思い出のジャズ喫茶っていったら、オレらはどうしても池袋ＡＣＢになる。デ

新宿ニューＡＣＢ

池袋ドラム

ビューもあそこ、さよなら公演もあそこ、オリーブをバックに藤圭子がデビューしたのもあそこ。オリーブにとっては、忘れられないホームグラウンド。でも、ホリプロ系のところだから、ラヴはあまり出てないでしょ？

ユウジ　そう、確かにそんなに記憶はないな。新しくてキレイだったのは覚えてる。

マミー　入口に「タンポポ」って喫茶店があって、中に入るとカレーを出してくれるコーナーもあったたな。客席は二階席まであって、横に長いの。さよなら公演のときは、その二階席のお客さんが下に落ちそうなくらい一杯でした。

ユウジ　僕らはやっぱり新宿ニューＡＣＢ。あそこはステージも舞台も広かった。もうジャズ喫茶っていう感じじゃなくてホール。

マミー　ステージ横の狭い階段のぼっていって、ステージに上がるんだけど、けっこう高くて、落ちないか、ちょっとヒヤヒヤした。

ユウジ　あそこでフォーリーブスと対バンしたのは、忘れられない。すごい超満員。で、フォーリーブスが終わって僕らの番になると、客の半分は席立っちゃう。ファン層の中心が女子中学生で、北公次だけがハタチくらいのファンがいた。

マミー　一階に「ローザ」って喫茶店があったの、覚えてます？

ユウジ　あ、あった！

マミー　オレ、あそこでよくデートしたなぁ……。あるとき、同じステージで共演もしたタレントのコにデート誘われて、「ローザ」で待ち合わせる約束しました！　でもさすがに芸能界の子はマズいかな、ってしり込みしてたのを、カズミに「行ってこいよ」って背中押されて、行くだけ行きました。隠れて店の様子を見たら、いたんですよ、彼女が！　だけど、当時、オレ、まだドーテーだったし、どうしてもふん切れなくて、会わずに帰っちゃった！

ユウジ　デビューした後もドーテーだった？

マミー　はい、意外にオクテなんです。

失神はヤラセ!?

ユウジ　銀座ＡＣＢは、思い出ある？

マミー　ショーケンと初めて会ったのがあそこ。みんなからずっと、「マミーはショーケンに似てる」っていわれてて、本人も知ってたらしくて、オレの顔見て「似てねーよ！」の一言！　不良っぽくて、怖かった！　スウィング・ウエストと対バンしたこともあったな。

ユウジ　スウィング・ウエストって、僕にもちょっと関わりがある。ラヴやめた時、ある人からスウィング・ウエスト来ない？　って誘いがあった、出演してた銀座ＡＣＢに遊びにいったことがあるの。２、３曲はうたったかな。ただ、あそこはあまりに湯原（昌幸）さんのイメージが強すぎたんで、お断りした。

マミー　確かオックスが最初に失神したのが銀座ＡＣＢだった。

ユウジ　そうだったっけ？

マミー　ホリプロの先輩だから、間違いないはず。オレら、何度か失神の現場いたからわかるけど、ほぼヤラセだから。ステージの下にあらかじめボーヤとか５、６人いさせて、落ちたら受け止めるように準備しとくわけ。それでステージ上で小刻みにアタマ振るとクラクラ来るでしょ。で、ぶっ倒れる。（野口）ヒデトさんなんか、アタマ振りっぱなしだった。

ユウジ　つられてファンが失神しちゃったんだ（笑）。

マミー　銀座ＡＣＢは、ステージも回り舞台でしたよね。半分が客席で、もう半分はスタンバイ。『グリーンオニオン』って曲つなぎで回ってきて登場する。

ユウジ　あと、ラヴでよく出たのは新宿のラセーヌかな。広くて演奏してて気持ちのいいジャズ喫茶だった。ただ、場所が歌舞伎町ど真ん中。西武新宿と新宿コマの間くらいで、飲み屋とキャバレーだらけだった。

マミー　二階席もあって、広かったですね。

ユウジ　僕らにとっては昭和40年代の若者のたまり場って感じがして、けっこう好きな雰囲気ではあった。メジャーだけど、ちょっと斜に構えたような、ほら、ジャガーズみたいなバンドがよく出てたイメージがある。ナベプロ系以外が割と多かったかな。

マミー　ラセーヌっていったら、オレらにとってはライバル・ヤンガーズのホーム。あそこで対バンやる時は、ほぼ殴り込みの覚悟（笑）！　あと、横浜プリンスでは、シャープ・ホークスと対バンしたこともあります。（安岡）力也さんがあまりに体がデカいんで、驚いた。サミーさんのＭＣもうまくて、そでで聞いてて、ベンキョーしてました（笑）。

ユウジ　僕らにとっては、最初のステージが横浜プリンスだったから、やっとＧＳの仲間入りできた、思い出の場所だったな。対バンした相手として強烈だったのが和田アキ子。不良のネーちゃんそのもので、男物の運動靴はいて、態度がデカい（笑）。

マミー　デカい、デカい（笑）。

ユウジ　東京から京浜東北に乗ってくでしょ。ファンも駅で待ってて、同じ電車に一緒に乗ってくるって、よくあった。

マミー　御徒町東京はどうです？　オレらもやった記憶はあるけど、あんまり覚えてない。

ユウジ　東京のはずれにあるジャズ喫茶（笑）。超一流は出なかった。でもそこそこのメンバーだったと思う。ステージが低くて客席との距離が近かった。

マミー　名門となると新宿ＡＣＢ。もっともあそこはナベプロ系だし、オレらはほとんど出られなかった。タイガースやテンプターズが出てた憧れの場所。さすがにはじめて出られた時は嬉しかったですよ。

ユウジ　新宿ＡＣＢはステージが高くて、出演者とお客さんがはっきり分かれてた。スターが出る場所、って感じだった。池袋ドラムや渋谷ＶＡＮあたりも、よく呼ばれてたな。

マミー　ドラムはナベプロ系なんで、オレらはあんまり馴染みない。

ユウジ　じゃ、日比谷のヤングメイツも？　ラヴは何度も出たけど。

マミー　クールファイブまで出てたところでしょ？　あそこもナベプロ系なんで、あんま

オリーブも出演したゴーゴーホール「サンダーバード」パンフ

り出た記憶ない。

ユウジ　ＧＳ色も強くなかったしね。

不良のたまり場・ゴーゴーホール

マミー　ラヴはイメージ的にはゴーゴーホールはあまり向いてなかったでしょ？

ユウジ　出たりはしてた。新宿の「55天国Ｎo．１」とか、何回も出た。ああいうところは客席が無くて、踊りが主体でしょ。それに内装も大人っぽくて、女の子をナンパするのが目的。僕らのファンて、だいたい中高生の女の子だし、あんまり不良っぽいタイプじゃなかったから、ラヴが出てるってわざわざ来てくれても、ちょっとかわいそうだった。ぜんぜん雰囲気とマッチしてないから。

マミー　来てるお客さんがぜんぜん違ってたな。ダンスフロアが広くて、スモークたいて、目の回るようなミラーボールで。ディスコもボチボチ出始めてたけど、70年くらいはまだゴーゴーホールでしたよね？

ユウジ　出入りしてた女の子たちも厚化粧で、まさかあの子、大人だろうと思ってたら、高校生だったりする。

マミー　駅や喫茶店のトイレで、服着替えて、バリバリ化粧してくる（笑）！　男もサングラスあり、タトゥーあり、アブナそうなのばっか！

ユウジ　とてもラヴのファンが行くところじゃない（笑）！

マミー　オリーブが一番よく出たのが、新宿のサンダーバードかな。映画の『野良猫ロック』の撮影にも使われたところ。楽屋でいつの間にかマリファナが回ってきたりして、それ吸ってステージで倒れたヤツもいる！　客の中にシンナーでラリッてるのも珍しくなかった！　ケンカもしょっちゅう！

ユウジ　ホールも楽屋も怖かった（笑）。

マミー　4・9・1のジョー山中さんなんて、見た目もおっかない。ただ、仲良くなったらかわいがってくれて、「お前はショーケンに似ててちょっとチビだから、小さいショーケン」てあだ名までつけてくれた。ジャガーズとサンダーバードで対バンしたのをきっかけにヴォーカルの岡本さんに気に入られて、朝まで飲んだこともあった。そうかぁ、もう二人とも死んじゃってるんですねぇ。

ユウジ　僕らだって、「ゴーゴーＡＣＢ」あたりには何度か出てる。でも、うまくハマらないのはわかってるし、ゴーゴーホールの仕事はどうもノリ切れなかった。「踊る曲やってくれ」って言われても、ラヴはあんまり得意じゃないんだよ。Ｒ＆Ｂとか、そんなに得意じゃないし。

マミー　ビートルズやるとこじゃないしね（笑）。

ユウジ　オリジナル曲なんて、絶対ダメだしな（笑）。ハードロックも踊れないから、やると店に怒られる。ＣＣＲくらいはギリギリ許してもらえたけど。

マミー　みんな、音楽聴くより、ダンスとナンパだから……（笑）。

ファンとの交流

ユウジ　ラヴの売りは健康的で明るいアイドル系バンドだったから、ファンとの交流はいたって「健全」だった。自慢できるのは、ファンクラブの子たちと二度も日帰りのバスハイクやったこと。結成間もないころに50人くらいのファンを連れて三浦海岸に行ったのと、レコードデビューした後にも100人以上で山中湖行った。

ユウジ 行って、なにするんですか？

マミー バトミントンとか、ラヴのグッズのオークション（笑）。ファンサービスはちゃんとしてた。

ユウジ オレらはそこまでやってなかったかな。ただ、毎回通ってくれる熱心な子たちとはよく話したりしてました。ある日、その常連の子の一人が、タオルでアタマをすっぽり包んできたんで、「どうしたの？」って聞くと、あんまり頻繁に外出するんで、お母さんにアタマを坊主にされちゃったんだって。そんなにされても、タオル巻いてオレらのライブに来てくれるなんて、ってついウルッとしちゃった（笑）！

マミー おカネもかかるのに、中学生や高校生の子がよく来てくれたと思うよ。

マミー ときたまありましたよ、「こんな子が来たら、追い返してください」って親御さんが写真持ってオリーブの楽屋に来るの。ジャズ喫茶に来るために、親のカネをくすねたり、友達をカツアゲしてた子もいたらしいから。あ、ラヴのファンにはあまりいないか……。

ユウジ　いない（笑）。
マミー　メンバーにボーヤが一緒に合宿所に住んでたころは、日曜には１００人くらい合宿所の前にファンが集結しちゃってた。
ユウジ　僕らは最初からバラバラに住んでたけど、僕とヘッケル（田島）が住んでたアパートには、ファンがしょっちゅう出待ちしてた。あれって、どう接するかが難しいんだな。会えば挨拶はしても、プライベートではなるべく会話は避けてた。きりがないし。
マミー　合宿所は女の子入室禁止。なのにデビュー前の藤圭子だけは入って来た（笑）！すぐに事務所が知って、「入れるな」って釘刺されました（笑）。
ユウジ　「質問帳」ってあったの覚えてる？
マミー　あ、ノートに書いてあるファンのコの質問に答えるやつ？
ユウジ　それ！　ステージが始まる前に、質問書いたノートをファンがもってきてステージの隅に置いておくわけ。それをボーヤが楽屋にもってきて、僕らが答えを書いて返す。
マミー　どんな質問がありましたっけ？
ユウジ　たわいないっていうか……「好きな食べ物は？」とか「好きな女の子のタイプは？」

とか、1回に10冊くらいはあったんで、書くの大変だった。

マミー　じゃ、ボーヤに書かせたりして？

ユウジ　あ、そういうヤツいた（笑）！

落日のGS

マミー　まあ、GSでも、オレらのころは、事務所でまずメンバー集めて、組ませて、レコード出してってていうのが普通だった気がする。現にオリーブはそうだった。

ユウジ　ラヴの方は、リーダーの藤田さんがメンバー集めたんでちょっと違うけど、やっぱり事務所の方針通りに動かなきゃ、って縛りは強かった。他のバンドとは一切、話もするな、とか……。

マミー　レコードの曲は、もちろん作詞、作曲まで全部を会社が決めるでしょ。それでレコードスタジオ行くと、演奏はみんなスタジオ・ミュージシャン。しょうがないんだ、そっちのがずっとウマいんだもん！

ユウジ　事務所がアイドル系で売り出す限りは、そこを超えちゃいけない。誰にもわかり

マミー　やすく、売りやすいオリジナル曲をやらなきゃいけない。これ、キツかった。

ユウジ　だからその分、ジャズ喫茶に出ると、なるべくレコードのオリジナル曲はやりたくない！　でも店はやってほしいから、言い合いになる（笑）！

マミー　そうこうしてるうちに、だんだんジャズ喫茶にもお客さんが集まらなくなってきた。はっきり感じたのが69年に入ってからだったかな。68年には昼の部も夜の部も満員だったのが、急に昼、人が入らなくなってた。

ユウジ　実はオレ、そのあたりは実感ないんです。自慢ぽく聞こえるけど、なぜかオリーブはずっと客集めてたから。

マミー　ああ、オリーブとアポロンで対バンした時も、オリーブのお客さんはなぜか多かった。

ユウジ　ええ、70年になっても、減らなかったんです。池袋ACBなんか、オリーブの時は一階も二階もあけて、他のグループは客少ないから二階閉鎖なんて、よくあった。だけど、GS自体がどんどん勢いなくなってたのは、いやでもわかりますよ。ジャズ喫茶が次々と閉まって、出るステージが減っていくんだから。

ユウジ　僕は69年にラヴをやめて、一度、アイドルGSとは縁を切ろうとした。で、アポロンで新しい音楽を模索もしたから、時代の変わり目は痛感してる。ところが、じゃ、レコード出そう、ってなったら、事務所が持ってくる曲がみんな歌謡曲。こんなのやりたくない！　って足を洗っちゃった。

マミー　それいったら、オリーブだって、後半は半分演歌調（笑）！

ユウジ　拓郎や陽水も出て、もう自分の言葉で曲を作る時代になっちゃってた。商業主義に乗って、事務所のプラン通りにデビューして、売ってるようなバンドは、出番なくなっていった。

マミー　72年にオリーブ解散コンサートやったころには、もうまわりにGS、いなくなっちゃってたから！

夢の時代

ユウジ　エラいよ、72年までもったなんて。僕らはその前にとっくに燃え尽きてる。

マミー　でも、また60歳を過ぎてになってから、活動を再開したわけでしょ？

ユウジ　そうね。しばらくは自分がＧＳやってたのを人に知られるのがどうもイヤで、なんとなく封印してた。

マミー　知られたくなかった？

ユウジ　アイドル系ＧＳって、作られたロボットみたいなイメージ、あったじゃない？　そこに抵抗があったんだろうな。自分はそうじゃない、もっとやりたい音楽がしたかったんだ、みたいな。年を取ってから、あれはあれでよかったんじゃないか、と思えるようになってきた。そしたら、いつの間にか仲間を集めて、またバンド始めてた。

マミー　消そうとしても消せない。ＧＳやってた3年あまりは、オレにとっても「夢の時間」！　否定なんてできない。だからまた、自分の店をライブハウスに改造して、歌うたったりドラム叩いたりしてる！

ユウジ　夢としかいいようがないな。夢に向かって思い切り突っ走っていた記憶だけ残ってる。もう50年もたっているとはとても信じられない。

マミー　しかも50年後も、またお客の前で『イカルスの星』や『マミー・ブルー』をうたってるなんて、想像もしてなかった（笑）。

ユウジ　50年後の逆襲だよ（笑）！

マミー　まだまだ、夢は終わってないからね！

2018年10月発売の『Get Back GS 〜復活グループ・サウンズ2018〜』。
ザ・ラヴの『イカルスの星』をはじめ、全13曲が収録されている。

競演する2人

おわりに

今では、こう思っています。結局、僕ら「GS 第三世代」は
現在につながるロックシーンの「橋渡し役」だったのだろう、と。
確かに、GS 第一世代、第二世代のように世の中に
衝撃を与えたり華やかな脚光を浴びたバンドはなかった！
確かに、スパイダースやタイガースや、先輩たちの後追いで、
ただそのスタイル、ファッションをマネして売れようとしたくせに、
時代に乗り切れなかったようにも見える！
確かに、音楽的、テクニック的にも
あまり新しい価値観を出せたバンドは多くはなかった！
でも、どんな世界にも、前の時代と後の時代をつなぐ
「つなぎ目」の役をする人たちはいるものです。
ロカビリーから GS になり、さらに多様な R&B や
ニューロックが日本で生まれていく中で、
「GS 第三世代」の人たちが果たした役割は
とても大きかったと思う。
実際にミュージシャンとしても、スタッフとしても、
数多くの面々が、次の時代の音楽作りのために頑張ってきたし、
また今も頑張り続けている。
だから僕も、「GS 第三世代」に属していたことに、
大きな誇りを持っています。

高宮雄次

ＧＳ第三世代 50 年後の逆襲

2018 年 11 月 30 日　初版発行

著　者◆木村みのる、高宮雄次
発　行◆(株) 山中企画
〒114-0024 東京都北区西ヶ原 3-41-11
TEL03-6903-6381　FAX03-6903-6382
発売元◆(株) 星雲社
〒112-0005　東京都文京区水道 1-3-30
TEL03-3868-3275　FAX03-3868-6588

印刷所◆モリモト印刷
※定価はカバーに表示してあります。
ISBN978-4-434-25299-0　C0073